LA SOLUTION

OU

LE GOUVERNEMENT DIRECT DU PEUPLE.

PAR V. CONSIDERANT.

Prix : 30 centimes.

PARIS
A LA LIBRAIRIE PHALANSTÉRIENNE,
RUE DE BEAUNE, 2,
ET QUAI VOLTAIRE, 25.
Décembre 1850.

LA SOLUTION

OU

LE GOUVERNEMENT DIRECT

DU PEUPLE.

LA SOLUTION

OU

LE GOUVERNEMENT DIRECT DU PEUPLE.

PAR V. CONSIDERANT.

PARIS
A LA LIBRAIRIE PHALANSTÉRIENNE,
RUE DE BEAUNE, 2,
ET QUAI VOLTAIRE, 25.
Décembre 1850.

LA SOLUTION

OU

LE GOUVERNEMENT DIRECT

DU

PEUPLE UNIVERSEL.

—

I.

Je m'adresse aux démocrates de tous les pays, et plus spécialement aux démocrates français.

Les démocrates veulent *le gouvernement du peuple par lui-même*.

Ceux qui, pour quelque raison que ce soit, n'acceptent pas que le peuple universel doive se gouverner lui-même, veulent nécessairement que le gouvernement soit l'apanage ou d'un seul ou d'une fraction du peuple, et comme ceux qui veulent une monarchie quelconque, ne voient généralement dans cette forme qu'un moyen d'assurer la domination de leurs idées particulières, de leur parti en un mot, je ne serai pas contredit en énonçant qu'il n'y a que des *aristocrates* et des *démocrates*.

Ce sont des définitions grammaticales. Nul ne les peut contester.

Démocratie, le peuple tout entier se gouvernant lui-même.

Aristocratie, un gouvernement extérieur à la totalité du peuple; le peuple obéissant à ce gouvernement extérieur à lui.

Si j'adresse, en passant, quelques arguments aux aristocrates, — légitimistes, orléanistes, impérialistes, etc., — il est entendu que ce n'est pas à l'intention de les convertir. Je ne nourris point cette présomption. Heureusement, si cette conversion est souvent difficile, elle n'est du moins nullement nécessaire. La démocratie, en effet, a pour elle l'esprit moderne, la force du droit et le nombre. Il suffit donc qu'elle cesse d'être divisée avec elle-même, qu'elle réalise sa propre union, et, cela fait, QU'ELLE VEUILLE. Cela suffit; les aristocrates le savent fort bien. Soyons unis : leur règne est passé. Je répète qu'ils n'en doutent pas, et nous ne devons pas avoir, moins qu'ils ne l'ont eux-mêmes, la connaissance et le sentiment de notre force.

Le principe de notre puissance est dans notre principe même, parce qu'il est le droit de l'humanité.

Ce qui mettra irrésistiblement notre principe en acte, c'est notre union.

Cette union est-elle possible?

Je réponds : Elle l'est.

Comment est-elle possible?

Je réponds qu'elle ne l'est, DE PAR LA NATURE ELLE-MÊME DES CHOSES, qu'autour de notre principe : LE GOUVERNEMENT DU PEUPLE UNIVERSEL PAR LUI-MÊME.

Que la notion claire, nette, simple du *gouvernement universel du peuple par lui-même*, éclate au sein de la démocratie moderne, le droit moderne est établi, le dogme devient fait, la révolution politique est close, et l'humanité fait enfin elle-même sa destinée.

Voilà ce que je voudrais prouver aux hommes du dogme moderne, du dogme de la souveraineté du peuple, aux démocrates, m'inquiétant peu de ce que les autres pourront penser.

Frères, je vous ai dit mon but. Ecoutez-moi avec bienveillance.

II.

Les organes de l'aristocratie chez nous ont raison.

« Nous sommes, disent-ils, dans le provisoire.

» On ne peut pas rester indéfiniment dans le provisoire,
» donc il faut une solution. »

Cela disant, ils ont beaucoup plus raison que nombre d'entre eux ne le pensent.

A leur sens, en effet, le provisoire ne remonte guère qu'à la veille. Avant février 1848, la société française et l'Europe, — sauf chez nous la question de la branche régnante qui faisait entre eux discussion, — étaient dans un état régulier ou à peu près.

Ceux qui comprennent quelque chose à l'histoire savent cependant que le provisoire remonte un peu plus haut.

Il y a trois cents ans, pour le moins, que l'esprit nouveau

fermente dans les vieux vases ; il y a soixante ans que la démocratie a fait sa première explosion sérieuse. L'instabilité des gouvernements, culbutés les uns sur les autres depuis cette époque, indique assez où, au moins, il faut reporter le commencement du provisoire en France, voire en Europe.

Il s'agit, — c'est banal à dire, et les enfants le savent, — de la lutte, de l'esprit féodal, de l'esprit d'autorité, de compression, avec l'esprit démocratique, l'esprit de liberté, d'égalité, d'expansion.

Et l'on peut résumer les choses sans rencontrer trop de contradicteurs en disant : « Il y a trois cents ans pour le » moins que la *campagne* est commencée, et soixante ans que » dure la *bataille*.

On sera d'accord aussi des deux côtés pour ajouter : « C'est assez. Il est temps que cela finisse. » Et, de notre côté, nous complèterons à l'unanimité la phrase comme suit : « Il faut que cela finisse par le triomphe définitif et absolu » de la démocratie. — Notez qu'ils n'en oseraient dire autant. Je les défie d'oser se dire unanimes à vouloir ou à espérer le retour définitif et absolu à leur principe, au despotisme.

III.

Il s'agit donc de la liberté.

La liberté, c'est ce qui fait l'homme. L'esclave qui accepte sa condition d'esclave n'est pas un homme. Ce n'est encore qu'une bête de somme à deux pieds.

L'homme n'est pas fait pour avoir un maître ou des maîtres. L'homme ne doit pas *obéir*. S'il pouvait y avoir des raisons essentielles pour que Pierre obéît à Paul, il y en aurait autant pour que Paul obéît à Pierre : ou bien Paul et Pierre ne seraient pas de la même *espèce*.

Jusqu'ici les masses humaines, les peuples, ont eu des maîtres, rois, empereurs, législateurs, représentants...., des maîtres, toujours des maîtres sous diverses dénominations et apparences.

Ils ne seront libres que quand ils n'auront de maîtres sous aucune forme. Et comme la volonté de la liberté est entrée dans la conscience des peuples modernes, on peut écrire que les peuples modernes seront en révolution tant qu'ils conserveront des maîtres sous une forme quelconque.

Le peuple français est celui dans la conscience duquel s'est incarnée au plus haut degré la notion de la liberté politique. C'est pourquoi ce peuple tue successivement tous les pouvoirs qui s'établissent en dehors de lui et sur lui. C'est aujourd'hui et dans la voie du problème où l'humanité est plus que jamais engagée, son premier titre de supériorité.

Avant Février, le peuple français était encore très-gouververnable; j'entends gouvernable par un pouvoir extérieur à lui, qui eût fait raisonnablement les affaires de son émancipation, du développement politique et social de sa liberté. Aujourd'hui qu'il s'est senti un moment en possession de son droit, du principe de sa souveraineté, et qu'il a été mordu par le Socialisme, il est absolument ingouvernable.

Démocrates français, quel gouvernement, hormis celui du peuple universel, se gouvernant réellement lui-même, est possible aujourd'hui? je vous le demande. — En vérité, aucun. — Nous y reviendrons.

IV.

En principe, comme base du droit, la souveraineté du peuple est, chez nous, chose acquise et conquise depuis soixante ans. La légitimité, le droit héréditaire d'une espèce royale sur une nation, sur un peuple, a sa place aujourd'hui dans la morphologie des fossiles. C'est une création antédiluvienne, disparue de l'histoire naturelle vivante. Que des amateurs d'antiquités politiques en aillent voir un échantillon à Wiesbaden ou ailleurs, cela ne tire pas à conséquence. On a vu des peuples adorer des animaux vivants; jamais, que je sache, des animaux morts. Le droit monarchique n'a donc eu qu'à se montrer tout nu dans la circulaire de M. Barthélemy pour se prouver à lui-même qu'il ne lui reste plus de partisans que dans le monde des morts-enterrés. — Je dis des morts-enterrés, parce qu'il y a aujourd'hui des morts de tant d'espèces, qu'il devient nécessaire, pour s'y reconnaître, de spécifier.

Le peuple français ne sera donc plus gouverné, — dût le fétiche revenir un jour ou un an, je n'appelle pas cela un gouvernement, — par ce droit monarchique mort et enterré que M. de Larochejacquelein voulait si plaisamment faire épouser à la Souveraineté du Peuple. Le cadavre ne veut pas déroger. Il n'offrira point sa main à la jeune fille.

V.

Démocrates français, tout ridicule que ce mort vous paraisse, et qu'il soit en effet par sa prétention à gouverner les vivants, il nous donne une leçon, et nous devons en profiter.

Wiesbaden du moins comprend le principe de la SOUVERAINETÉ.

La souveraineté, c'est la souveraineté. Elle est souveraine ou elle n'est pas.

Hommes de la souveraineté du peuple, hommes du droit moderne, vivants, nous laisserons-nous battre en logique par les morts?

Certes, nous comprenons parfaitement la monstruosité du jésuitisme politique des légitimistes du prétendu *droit national*. «Le peuple,» accordent-ils, — autant que l'on peut réduire en formule un mystère contradictoire, absurde, — «le peuple » est souverain. Mais que le peuple, par un acte de sa souve» raineté, rappelle la monarchie héréditaire qu'il institua ja» dis par un acte semblable, la souveraineté du peuple s'unit » ainsi à la légitimité, et nous filons des jours prospères.»

Il y a eu, disent-ils, une DÉLÉGATION de la souveraineté nationale à leur famille royale. C'est ce qui fait, pour cette école-ci, le fond du droit de la légitimité. Que la souveraineté nationale reconnaisse à nouveau cette DÉLÉGATION; le problème est résolu.

C'est un abominable ragoût que cette théorie, et l'*Ajax* vendéen qui s'en est fait l'éditeur méritait bien d'être traité par les gens de Wiesbaden en gâte-sauce.

O Ajax! il n'y a, il ne saurait y avoir deux souverainetés. Si la légitimité monarchique vient d'une expression de la souveraineté nationale, c'est dans la nation que réside la souveraineté; la souveraineté est, en droit, dans le Peuple, et il ne saurait y avoir prescription contre un droit de ce genre. Que si d'ailleurs le peuple, par un nouvel acte de sa souveraineté, rappelle votre légitimité; si celle-ci ne peut, sans usurpation et forfaiture, s'imposer à la nation par une force extra-nationale, il en résulte que votre légitimité n'est pas un droit, n'est pas *la souveraineté*. C'est une forme, un fait, un mode de gouvernement, voilà tout.

Donc déjà ceux de la vieille école, ceux qui font de la légitimité un droit en soi, un droit super-national, extra-humain, divin; ceux qui y voient le principe même de la souveraineté, — ce mystère que vous ne sauriez digérer, dites-vous, — ceux-là ont eu raison de repousser votre appel au Peuple qui faisait de leur droit souverain et divin un simple fait, un expédient, l'enjeu d'un coup de suffrage. En réalité, vous leur proposiez de lâcher la raison sociale pour courir la chance de sauver la caisse. Vous étiez de votre temps, ô Ajax! mais vous n'étiez pas de celui de François Ier. Vous vouliez traîner votre légitimité sous les fourches caudines de la démocratie. La démocratie vous en pourrait savoir gré. Fervent de la légitimité cependant, mieux eussiez-vous fait d'aider les autres à l'embaumer dans son principe.

Voyons pourtant votre doctrine.

Voici la souveraineté, la souveraineté vivante, la souveraineté du Peuple. Vous la reconnaissez, puisque vous lui demandez de vous rendre, par acte souverain, le fait, la forme, le fossile où ceux de la vieille école voient la souveraineté que vous voulez bien, vous, prendre dans la nation. Le Peuple accorde ce que vous demandez... le tour est fait. La souveraineté du Peuple s'est escamotée elle-même ; car, de deux choses l'une :

Ou la souveraineté du Peuple subsiste, et alors votre roi héréditaire n'est qu'un président de république, moins que cela, un ministre du Peuple, maintenu à la tête du gouvernement par la souveraineté nationale qui peut à chaque instant le révoquer, qui le révoque quand il lui plait, — ce qui est l'annihilation de votre droit monarchique, la négation de l'idée même de votre gouvernement héréditaire : ce n'est pas là ce que vous voulez ;

Ou bien la souveraineté du Peuple ayant décrété le droit monarchique héréditaire, celui-ci devient souverain ; la souveraineté nationale s'est DÉLÉGUÉE ; elle s'est prise au trébuchet ; bref, elle s'est suicidée : *De profundis !*

Et comme c'est ici la véritable solution des légitimistes du *droit national*, il se trouve qu'ils ont consenti à faire tuer leur souveraineté monarchique par la souveraineté du Peuple pour mériter les bonnes grâces de celle-ci et obtenir d'elle qu'elle veuille bien se tuer en retour, et abdiquer sa vie pour ressusciter leur cadavre.

Non, il n'était donné qu'à ce temps de juste-milieu, d'expédients, de matérialisme, disons le mot, d'affreux gâchis, de faire surgir d'aussi monstrueux syncrétismes comme solutions de problèmes devenus capitaux dans la vie des peuples.

Je n'ai pas discuté la souveraineté du droit divin. On ne discute pas ce qui se pose au-dessus et par cela même se déclare au-dessous de la raison ; mais j'ai discuté la légitimité bâtarde des légitimistes du droit national, et j'y ai trouvé non plus un mystère, mais une escroquerie : l'escroquerie de la souveraineté du peuple. Cette escroquerie s'appelle la DÉLÉGATION.

VI.

Et maintenant, démocrates, admirez comment les autres monarchistes, les monarchistes orléanistes ou impérialistes, tout en foudroyant les légitimistes et repoussant leur fétiche comme incompatible avec le principe de la souveraineté nationale, tombent pourtant dans le même abîme de contradiction et d'absurdité, ou tout simplement, si vous voulez, pratiquent la même escroquerie.

A eux aussi il faut un roi, un empereur, un monarque héréditaire. Mais ils le veulent, disent-ils, d'origine nationale, nommé, consacré par la volonté nationale. — Ils retranchent volontiers d'ailleurs, de la nation, la vile multitude.

C'est donc toujours, avec cette impertinente exclusion de plus, la théorie du marquis de Larochejaquelein. Seulement, le sujet diffère. Ici, ce sera le comte de Paris, M. de Joinville, M. Louis Bonaparte, ou, au besoin, quelque autre grain échappé de la gousse impériale.

Il faut toujours, pour satisfaire ces messieurs, que la souveraineté du Peuple se suicide par DÉLÉGATION en faveur de l'objet de leur choix. C'est à cette condition qu'ils consentent à la reconnaître. — Et dire que l'on ait encore à discuter de pareilles calembredaines !

VII.

Il n'y a que deux systèmes :

La souveraineté monarchique de droit en soi, de droit divin, un mystère, *qu'il ne faut pas tenter d'approfondir*, sont-ils contraints de dire, un mystère que ne digère plus l'esprit moderne, même l'esprit moderne de M. le marquis de Larochejaquelein ;

Ou bien la souveraineté du Peuple, du Peuple vivant, la volonté collective et actuelle de tous les membres majeurs de la nation.

La souveraineté est la souveraineté ; elle est souveraine ou elle n'est pas. L'idée de Dieu emporte que Dieu peut tout, hors de cesser d'être Dieu. L'idée de la souveraineté est identique. Ce qui est la souveraineté ne saurait cesser de l'être, devenir subordonné. C'est clair.

La souveraineté du Peuple, cela signifie la volonté libre, absolument libre, absolument indépendante, l'autonomie, l'autocratie du Peuple, le Peuple n'obéissant qu'à lui-même, autrement dit, n'obéissant pas, faisant sa propre volonté. C'est cela, ou ce n'est rien. Si la légitimité du droit positif, de la loi, du gouvernement est dans la souveraineté du Peuple, il faut que la loi, le gouvernement, pour être légitimes, ne soient autre chose que l'expression actuelle de la volonté du Peuple. Et qui oserait dire carrément qu'un peuple peut être tenu d'obéir à une loi étrangère, de subir une volonté autre que la sienne? Quelle volonté? la volonté de qui? Voyons, osez donc préciser cette autre volonté qui peut légitimement se superposer à la sienne propre. *Je vous en défie!* Ah! vous vous en tirez en disant *qu'il ne faut pas chercher à approfondir*. Bon!

La souveraineté du Peuple, c'est la liberté, l'autonomie, la volonté collective du Peuple. Encore une fois, c'est cela ou ce n'est qu'un mot vide. Une souveraineté qui se *soumet* à quoi que ce soit d'extérieur à elle-même, c'est contradictoire, c'est comme un cercle carré, une sphère pyramidale, et je vais dire en quoi consiste le sophisme de la DÉLÉGATION que nous poursuivons en ce moment.

Ce que veulent les hommes de la DÉLÉGATION, c'est-à-dire ces hommes qui, vaincus par la puissance de l'idée politique moderne, reconnaissant l'impossibilité de ressusciter le droit divin, de contredire enfin le dogme de la Souveraineté du Peuple, s'y attachent et l'embrassent, mais à la manière des serpents, pour l'étouffer; ce que veulent ces vaincus, c'est bien la souveraineté du Peuple effectivement, c'est la souveraineté du Peuple mort sur le Peuple vivant. Ecoutons-les:

« La nation (vous remarquerez qu'ils disent la souveraineté nationale et non la souveraineté du Peuple: d'abord ils n'aiment pas le mot Peuple; et puis, le Peuple, c'est quelque chose de trop actuel, de trop vivant pour que le mot se prête avec quelque chance de succès à la jonglerie de leur argumentation), la nation, disent-ils, fait acte de souveraineté en » se donnant un roi, en DÉLÉGUANT son pouvoir sur elle- » même à un homme, à une famille, à des corps constitués, » si vous voulez. Cette famille ou ces corps deviennent les » *pouvoirs légaux*. Si nous avons ainsi un roi, c'est un roi » par DÉLÉGATION, un roi du vœu et consentement de la » nation. Le principe de la souveraineté nationale est sauf et » nous tenons notre monarchie. »

C'est toujours la même mystification que confond toujours la même réponse: « Ou la souveraineté du Peuple subsiste, » et votre prétendu roi n'est qu'un chef amovible et à chaque » instant révocable, du pouvoir national par la volonté na- » tionale; ou la souveraineté du peuple ne subsiste plus, et » alors n'en parlez pas. »

Ils se garderont bien de vous répondre. « Ce roi-ci, vous » diront-ils, tient son pouvoir de la nation. Il ne gouverne la » nation que par DÉLÉGATION. Ce n'est pas un roi de droit » divin. »

— » Mais la nation peut-elle le révoquer?

— » Oh! la nation... elle s'est interdit cela dans son pro-
» pre intérêt.

— » Bon, mais si elle juge aujourd'hui qu'en s'interdisant
» cette révocation hier, elle a eu tort, et qu'aujourd'hui la
» révocation lui convienne? »

Ils admettent bien que la souveraineté du peuple peut faire un roi de *leur choix*. Mais ils ne veulent pas qu'elle ait les moyens de le défaire ou s'en défaire. Plaisantes gens!

La souveraineté, c'est la liberté, la liberté pleine, la liberté à chaque instant, la liberté toujours. Est-ce que la nation d'hier est la nation d'aujourd'hui? Est-ce que la volonté de ceux d'aujourd'hui est enchaînée par la volonté de ceux d'hier, de l'année dernière, du siècle dernier? Où est le droit des morts sur les vivants? Qui a le droit, d'ailleurs, d'interdire à la nation d'avoir aujourd'hui d'autres opinions, d'autres préjugés, d'autres caprices, si vous voulez, qu'hier? Voyons! qu'on me montre donc quelque part un droit, une volonté primant le droit, la volonté actuelle, toujours actuelle de la nation! je voudrais bien voir ce phénomène...

S'il était nécessaire d'éclairer la lumière pour qu'elle fût visible, j'ajouterais, à l'adresse de ces gens-là, ceci:

Je leur dirais: « Vous avez compris et revendiqué pour
» vous-mêmes la liberté civile. Il en est résulté que vous avez
» déclaré et dû, de toute nécessité, déclarer nul le contrat
» par lequel un homme se ferait, librement, volontairement,
» l'esclave d'un autre homme. Vous ne reconnaissez point
» l'aliénation, pour un motif quelconque, de la liberté, de la
» personnalité d'un homme. Cette imprescriptibilité de la per-
» sonnalité, de l'autonomie humaine, elle est à la base de
» votre droit civil. Et vous voudriez faire, de l'aliénation de
» la liberté et de la personnalité d'un peuple, de l'hétérono-
» mie d'une nation, la base de son droit politique? Bonnes
» gens, réveillez-vous, vous rêvez creux. »

Non, les vivants ne sauraient aliéner leur liberté. Eussent-ils tous donné les mains à cette aliénation, et fût-elle faite en bonne forme, elle est nulle de plein droit.

Et ce que les vivants eux-mêmes ne sauraient faire sur eux-mêmes et contre eux-mêmes, vous voudriez le faire faire sur eux et contre eux par les morts? Vous voudriez valider, justifier, légitimer l'aliénation de la liberté et de la volonté du peuple de demain, par un acte irréfléchi, absurde, nul de plein droit de la volonté du peuple d'aujourd'hui! Voilà votre souveraineté du peuple et votre DÉLÉGATION! C'est la souveraineté des morts sur les vivants! Mystère pour mystère, j'aime autant, j'aime mieux le droit divin. La souveraineté des morts sur les vivants c'est trop positivement et trop prosaïquement bête. Le droit divin, du moins, n'a pas de prétentions logiques, et l'histoire lui a fait en son temps une auréole.

Nous dirons donc, entre nous autres démocrates : deux et deux font quatre et ne sauraient pas plus faire trois et demi que quatre-cent-cinquante-sept ou tout autre nombre. Par la même raison on admet la souveraineté du peuple ; c'est-à-dire l'indépendance, l'autonomie absolue, permanente, inaliénable, imprescriptible du peuple, ou bien on ne l'admet pas du tout. Pas de terme moyen. La DÉLÉGATION est une impudente moquerie, c'est-à-dire un attentat sur la souveraineté du peuple, c'est-à-dire sa négation, plus une hypocrisie.

Il n'y a donc, en réalité, que deux partis politiques en présence :

Des aristocrates exigeant généralement une monarchie, qui gouverne dans leurs intérêts ou, si l'on veut, dans leurs idées : ils nient la souveraineté du peuple, ou n'ont l'air de l'accorder que pour l'escroquer par le procédé de la DÉLÉGATION ;

Et des démocrates voulant que le peuple, le peuple universel, intégral, *se gouverne lui-même*.

VIII.

Eh bien ! démocrates, nous allons voir chez nous quelque chose de plus curieux, de plus étrange, de plus phénoménal que ce qui vient de nous occuper chez les aristocrates : c'est que la démocratie, partant du principe de la souveraineté du peuple, de sa souveraineté absolue et permanente, voulant très carrément qu'il se gouverne lui-même, depuis soixante ans qu'elle professe ce principe si radical, si net, si simple et si clair, qu'elle se bat pour lui, qu'elle verse son sang pour en conquérir la consécration, n'a cependant jamais fait elle-même et jamais, généralement, proposé autre chose que de l'aristocratisme et du monarchisme !

Et, en effet, toutes les fois qu'elle a été victorieuse, au lieu d'incarner son principe et d'en finir par cette incarnation sur laquelle, une fois faite, il eût été impossible de revenir, ne s'est-elle pas toujours dépêché de se livrer elle-même à l'ennemi, au vaincu, en rétablissant de ses propres mains la forme despotique, en arrachant au peuple le fruit de sa conquête et se dépouillant très benoitement elle-même de sa victoire !

Qu'a fait depuis soixante-ans la démocratie politique ? qu'a-t-elle proposé ? qu'a-t-elle réalisé quand elle a eu la victoire ?

En principe, en théorie, en paroles, en abstraction, je vois bien toujours la souveraineté du Peuple mise en avant! Oui, mais en pratique, en exercice, c'est-à-dire en réalité, quoi, s'il vous plait? qu'avons-nous fait? Toujours la DÉLÉGATION! rien que de la DÉLÉGATION, pas autre chose que de la DÉLÉGATION! C'est-à-dire, tout simplement, au nom de la souveraineté du Peuple, l'enterrement formel de la dite souveraineté! Voilà ce que la démocratie a fait, pas autre chose.

C'est-à-dire que cette DÉLÉGATION qui est l'escroquerie perpétuelle des légitimistes du *droit national*, des impérialistes et des orléanistes, a été la duperie perpétuelle de la démocratie politique.

Entre les démocrates voulant que l'exercice de la souveraineté soit DÉLÉGUÉ, délégué à un président, à des consuls, à un directoire, à un comité, à une assemblée, à tout ce qu'il vous plaira, et les monarchistes en question, il n'y a qu'une différence, — une différence insignifiante et illusoire, — celle du *temps* : nullement une différence de principe et d'essence.

Si le peuple peut DÉLÉGUER sa souveraineté, l'exercice de sa souveraineté (en fait c'est tout un), c'est-à-dire l'abdiquer pour un an, pour deux ans, pour trois ans; pourquoi pas pour dix, pourquoi pas pour un avenir indéfini?

Et je vais vous dire tout de suite une chose : c'est qu'un peuple qui tient sa souveraineté et qui l'ABDIQUE, ne fut-ce que pour un an, est pris. On lui fait bien vite une constitution, des lois de circonstances, des *organes légaux* de sa souveraineté, c'est-à-dire des chaînes et des gens pour les tenir. Une fois bridé, on le mène, on fait de lui tout ce que l'on veut, — pour peu du moins que l'on parvienne à s'entendre, ce qui, heureusement aujourd'hui pour la démocratie, paraît fort difficile.

Cela a été, cela est, cela sera, et ce sera bien fait que cela soit, tant que la démocratie n'aura pas su être autre chose elle-même qu'aristocratie et monarchisme. On nous fouettera, chers amis, tant que nous serons assez débonnaires pour couper, lier en paquet et fournir nous mêmes les verges. Retenez cela. — Et je répète que ce sera bien fait et que nous serons ridicules, en sus, à nous en plaindre.

IX.

La révolution de 1848 éclate. Bien. Un gouvernement provisoire s'installe. Très bien.

La majorité de ce gouvernement provisoire et démocratique ne voulait pas proclamer la République... par respect pour la souveraineté du Peuple!

Le Peuple de Paris, sentant que souveraineté du Peuple et monarchie sont deux termes qui s'accordent tout juste comme lumière et ténèbres, fait une pression sur son gouvernement. Celui-ci s'empresse enfin de proclamer la République, c'est-à-dire le gouvernement du Peuple en puissance et en acte. Parfaitement bien.

Mais voilà que la démocratie victorieuse, manquant de l'intelligence claire et pleine de son principe, s'abandonne immédiatement. Il ne vient pas à l'idée du Peuple que République et gouvernement du Peuple par le Peuple, exercice direct du gouvernement par le Peuple, c'est synonyme!

On lui dit: « Le suffrage universel va créer un gouvernement définitif. » Le gouvernement provisoire bâcle une loi électorale, fixe un jour du mois d'avril pour les élections, et voilà le Peuple, souverain en théorie, immense troupeau bêlant, en réalité, acceptant qu'*il ne peut* en effet exercer sa souveraineté qu'EN LA DÉLÉGUANT, ou, ce qui revient au même exactement, EN L'ABDIQUANT.

Le Peuple souverain va donc naïvement procéder à la nomination d'une Assemblée constituante, souveraine, c'est-à-dire d'un monarque absolu à neuf cents têtes (et quelles têtes) à terme, non déterminé, mais il est vrai, sous-entendu. Voilà la DÉLÉGATION!

A ce compte, le peuple se reconnaît incapable d'exercer sa souveraineté, et se la laisse confisquer. Croyant la fonder, il la fond, passez moi le jeu de mot. Il rentre bel et bien en monarchie en se donnant un souverain extérieur à lui. Et d'Assemblée en Assemblée, en moins de deux ans, on lui reprend, hélas! jusqu'à cet exercice de souveraineté climatérique et dérisoire, consistant à se nommer de temps en temps de nouveaux souverains! La loi électorale du 31 mai 1850 est là pour le dire.

Cette loi est-elle un malheur? Non, Dieu tout puissant! Loin de là, c'est une leçon, une leçon nécessaire. Les démocrates la doivent bénir. Elle apprendra au peuple, cette loi, que quand on a délégué sa souveraineté à des représentants, on n'est plus rien que les très humbles sujets desdits représentants. Ceux-ci deviennent le souverain de fait, et cela, quand bien même ils écrivent en tête de la Constitution cette bonne plaisanterie: « Que la souveraineté est l'apanage collectif du peuple, et que nulle fraction du peuple ne peut se » l'attribuer sans forfaiture. » Chose bouffonne! Toutes ces constitutions, occupées d'un bout a l'autre à organiser la souveraineté en dehors du peuple, à en conférer l'exercice à une infiniment petite fraction du peuple, débutent toujours par cette déclaration ! Qu'on y voie du moins l'irrésistible puissance du principe de la souveraineté du peuple. On peut le torturer, l'étrangler, l'étouffer ou l'escamoter dans l'application, on ne saurait plus le nier comme base du droit. Il faut flatter et cajoler le lion pour lui rogner les ongles et le pouvoir enchaîner. C'est du moins un hommage rendu à sa force. Il est vrai aussi que, comme le pauvre lion s'est déjà laissé prendre cinq ou six fois à la même manœuvre, on peut dire qu'il est encore un peu... un peu débonnaire.

Oui, ceux qui ont en main la confection de la loi, — la confection de la loi avec laquelle on rend *légale* à volonté la suppression de toutes les libertés publiques, avec laquelle on fait *tout ce que l'on veut*; qui disposent en outre de la force armée; qui nomment à tous les emplois; qui décident souverainement de l'impôt, de la paix, de la guerre, de tout enfin... ceux-là, certes, sont le SOUVERAIN ! Et je voudrais savoir ce que le plus absolu des despotes leur pourrait envier? Ils ont, outre le pouvoir absolu, arbitraire, despotique, un air de légalité et un manteau de droit national, qui semblent rendre leur pouvoir absolu sur le peuple parfaitement raisonnable et légitime.

Peuple, DÉLÈGUE donc ta souveraineté! Cela fait, je garantis à ta souveraineté le sort inverse de celui de Saturne : ta souveraineté sera dévorée par la délégation, sa fille.

La souveraineté du Peuple qui s'exerce par des représentants n'est déjà plus qu'une ombre. Et comme cette ombre déplait fort, on ne tarde jamais à en faire un crime. Ceci est de l'histoire. En prendra-t-on enfin bonne note?

X.

Cependant la souveraineté du Peuple est devenue, en fait de pouvoir, de gouvernement, de législation, le dogme de l'esprit moderne. C'est incontestable et avoué par les roueries mêmes des diverses troupes d'escamoteurs qui cultivent nos diverses graines monarchiques.

Or, aussi longtemps que ce qui est devenu le dogme de l'esprit moderne restera hors de la réalité; aussi longtemps que les explosions successives seront suivies d'usurpations quelconques; aussi longtemps qu'il se formera des souverainetés de fait, extérieures et contradictoires à cette souveraineté de droit, la société sera en *révolution*. La souveraineté du droit et du dogme doit tendre toujours à renverser tous les gouvernements qui ne seront que des formes diverses de sa négation. C'est forcé. C'est donc la guerre sociale en permanence. Cette guerre, comme toutes les autres, plus que toutes les autres, n'est bonne pour personne.

Il n'y a qu'une voie pour en sortir, qu'une manière de rétablir la paix, c'est d'accorder le dogme et le fait. Et puisque nul ne peut nourrir sérieusement l'espoir de voir le dogme ancien ressusciter, il se faut décider à rendre le fait moderne conforme au dogme moderne. Puisque l'esprit nouveau brise tous les vieux vases, consentez à faire un vase nouveau pour l'esprit nouveau. Jusque-là, je le répète, vous n'aurez que des avaries... Mais je crois, Dieu me pardonne! que me voici cherchant à convertir nos adversaires. C'est une vieille habitude et, je le crains fort, du temps perdu.

Je dis donc à la démocratie qu'il faut qu'elle en finisse, que c'est à elle à faire sa besogne et que c'est très simple.

En quoi cela consiste-t-il?

A être d'accord avec elle-même, à être conséquente à son principe, à en vouloir l'application pure et simple, tout bonnement.

La démocratie demande que la souveraineté du Peuple devienne une réalité, n'est-il pas vrai?—Si le peuple DÉLÈGUE sa souveraineté, il l'ABDIQUE. La démocratie ne peut donc vouloir de la DÉLÉGATION sous aucune forme. Ce serait vouloir en même temps deux contraires.

Il faut donc que le Peuple exerce lui-même sa souveraineté? — Oui. — Comment? — Comment? eh! parbleu, en l'exerçant! cela n'est pas difficile à comprendre...

Toute loi a un ou plusieurs principes. Le Peuple, dans ses communes, vote le principe de ses lois. Les voix sont comptées dans chaque section locale. Tout cela est public et authentique. On additionne les suffrages, et la volonté collective, réelle et directe du Peuple ou de la majorité est manifestée. Voilà la loi. Il n'y a plus qu'à la rédiger. C'est ce que fait le ministère nommé par le Peuple qui se conforme à la volonté exprimée du Peuple pour plusieurs raisons : d'abord parce qu'un ministère obéit naturellement au souverain dont il dépend; ensuite parce que si le souverain n'était pas content de son ministère, il en changerait à l'instant même; enfin, parceque la rédaction qui ne serait pas conforme à la volonté manifestée du Peuple, ne serait pas acceptée par celui-ci et qu'il en faudrait faire immédiatement une autre. Voilà tout le grimoire.

Je ne me dissimule pas une chose : c'est que cela est beaucoup trop simple, beaucoup trop facile, pour ne pas paraître tout d'abord monstrueux, absurde, impossible et souverainement extravagant à tous les hommes d'état et à toutes les fortes têtes politiques. Moi-même, hélas! en ma qualité de tête pensante, n'en ai-je pas été scandalisé tout le premier, et n'ai-je pas répondu à la proposition par un sublime sourire, accompagné d'un fort significatif *laissez donc!* — Ces arguments décisifs et vainqueurs, bien d'autres que moi les feront, et on ne s'en tiendra pas là.

Quoi qu'il en soit, et sans y répondre pour le moment, voici ce que j'ai provisoirement à dire aux fortes têtes :

Impossible, absurde, extravagant, monstrueux... et cent autres qualifications du même genre, soit! Mais acceptez du moins de deux choses l'une :

Ou l'expression de la volonté propre du peuple;

Ou une DÉLÉGATION quelconque de sa souveraineté, et des gens chargés de vouloir pour lui.

Dans le second cas, le peuple ne se gouverne plus lui-même. ON le gouverne. Cet ON sera tout ce que vous voudrez, excepté lui. Donc, si la manifestation de la volonté propre du peuple dans ses affaires est impossible, absurde, extravagante, alors c'est que le gouvernement du peuple par lui-même, c'est-à-dire la démocratie, est une impossibilité, une absurdité, une extravagance. Il n'y a pas de milieu.

Je vous préviens que ceci est un étau, un étau dont les deux joues serrent fort et que vous n'en sortirez pas quoi que vous tentiez. Aussi vous inviterai-je à examiner les joues de l'instrument et la vis qui les serre avant de vous y engager. — Mais continuons à causer et laissons l'étau pour le moment.

XI.

Quand on discute une question sérieuse, il faut s'interdire ces mauvais refuges que l'on cherche quelquefois dans une certaine altération du sens des mots. Lorsque nous parlons de la DÉLÉGATION, nous entendons la délégation telle qu'elle a toujours été pratiquée dans l'ordre politique. C'est un fait absolu, une aliénation complète de la volonté de l'électeur dans la personne de son prétendu représentant. Un mandataire, dans le langage ordinaire, exécute ce que le mandant veut, spécifie. En politique, ce n'est plus cela. Le mandataire fait ce qu'il juge à propos. Quand le peuple a nommé ses prétendus mandataires, il se trouve avoir nommé ses maîtres. Ces maîtres nommés, il est pris. On lui présente un traquenard; on l'invite à y mettre le pied, il l'y met, et quand il est pincé on lui dit qu'il a exercé sa souveraineté et qu'il n'a plus rien à faire qu'à obéir à la loi sacrée qu'on va lui confectionner. Ce sera, lui affirme-t-on, sa volonté à lui-même. En effet, ne sera-t-elle pas l'œuvre de ses *mandataires ?*

Le gouvernement provisoire, en convoquant une assemblée nommée par le suffrage universel, a cru très certainement rendre enfin au peuple français l'exercice de sa souveraineté. Voyons cependant à quoi cela se réduisait. J'analyse :

« Peuple français, dit le gouvernement provisoire, la révo-
» lution a fait table rase du passé politique, des gouverne-
» ments d'oligarchie et d'usurpation. Tu vas entrer enfin dans
» l'exercice de ta souveraineté, tu ne relèves plus que de ta
» propre volonté, tu vas te gouverner toi-même.

» En conséquence :

» Le 23 avril prochain, tous les citoyens âgés de 21 ans,
» ayant six mois de domicile se réuniront par collége de dé-
» partement, et nommeront, dans chaque département au
» *prorata* du chiffre de sa population, neuf cents représen-
» tants. »

Bon, et que seront ces représentants !

« Ces représentants feront ta Constitution. Ils seront le
» gouvernement, le pouvoir, la loi. Ce qu'ils décréteront sera
» ta règle. »

Traduisons :

« Peuple français ! tu es souverain, tu as conquis ta majo-
» rité. Tu vas désormais te gouverner toi même.

» Les lois, les actes du gouvernement, ne seront plus que
» ce qu'ils doivent être, l'expression de la volonté même d'un
» peuple libre.

» En conséquence :

» Le 23 avril prochain, tu vas nommer 900 citoyens pour
» te représenter. Ta souveraineté s'exerce ce jour-là pendant
» le temps nécessaire pour faire tomber un morceau de pa-
» pier dans une boîte. Cela fait, elle ira dormir jusqu'à ce
» qu'on vienne la réveiller... à moins, toutefois, que, pen-
» dant son sommeil, on ne l'étrangle ; mais ne prévoyons pas
» ce pénible accident.

» Tes 900 représentants nommés, sois bien tranquille, tu
» as des maîtres, comme devant. Ils vont te faire des lois
» dont pas une, peut-être, si on la présentait à ta sanction,
» n'aurait ton consentement. Elles n'en seront pas moins,
» pour toi, obligatoires. Ne seront-elles pas l'émanation de
» ta propre volonté, l'œuvre de tes propres mandataires, et
» ta gendarmerie, ta propre gendarmerie, ne sera-t-elle pas
» là pour te forcer à leur être docile ? Quoique fassent ces
» neuf cents citoyens vertueux, que tu ne connais générale-

» ment pas le moins du monde, quoi qu'ils t'imposent, allassent-ils, dans leur constitution ou dans leurs lois électorales, » jusqu'à t'enlever le droit de te nommer ultérieurement » d'autres maîtres, tu devras te tenir pour heureux, content » et surtout libre, souverain et gouverné par toi-même. Ne » leur auras-tu pas, en effet, DÉLÉGUÉ ta souveraineté ? »

Le peuple. je ne sais pas de mot meilleur, *coupe dedans* : Fier d'être souverain, il marche, le jour dit, aux boîtes électorales. Il y dépose son vote, et voilà sa souveraineté dans des tire-lires dont il n'a plus la clef. Le voilà remis sous le joug. Ce souverain dépend d'une volonté extérieure à la sienne. Les partis aristocratiques et monarchiques n'ont plus désormais qu'à faire jouer leurs influences. On leur a rendu leur forme, leur instrument, on a refait et remis au peuple une bride. Il n'y a plus qu'à s'en saisir, c'est-à-dire, à s'emparer de la majorité. C'est bientôt fait. Le dos du peuple a retrouvé un cavalier éperonné et tenant cravache. Et marche *Populus* ! marche donc, tu es souverain!

XII.

En février, la SPONTANÉITÉ du peuple fait éclater, en un jour, toutes les libertés politiques. Il ne faudra pas six mois au gouvernement soi-disant représentatif de la volonté du peuple pour les lui reprendre toutes et le charger d'un poids plus lourd d'impositions et de lois compressives !

C'est évident; dès que ce n'est plus qu'un très petit nombre qui tient le gouvernement, il y a bientôt une coterie représentative d'un parti, ou une coalition de coteries, qui devient maîtresse. Alors, elle est, de fait, le gouvernement, et pour défendre le gouvernement, c'est-à-dire sa domination, il lui faut des lois de compression. C'est ce qu'on appelle sauver le gouvernement, sauver le pays, sauver la République, sauver la société ; on ajoute même la religion, la famille, la propriété, etc. : la sauce en est meilleure.

Depuis trente ans, nos assemblées legislatives n'ont guère fait autre chose que de sauver le pays, c'est-à-dire de faire des lois de compression et de répression, c'est-à-dire de se donner des armes pour défendre le gouvernement de leur parti, contre les agressions des autres partis qui, naturellement, veulent sans cesse, eux aussi, s'emparer du gouvernement du pays, toujours pour sauver le pays, cela va sans dire.

Que si, cependant, le pays se mettait une bonne fois à faire ses affaires, à être son propre gouvernement, s'il s'affranchissait une bonne fois de la bride, m'est avis qu'il n'aurait pas besoin d'un grand appareil de lois pour se défendre, pour se sauver et que, par cela seul qu'il deviendrait son propre législateur, les neuf dixièmes du travail législatif que font d'ordinaire les assemblées deviendraient parfaitement inutiles.

XIII.

Si le gouvernement provisoire eût été conséquent avec ses prémisses, il n'eut point dit au peuple français : « Pour » exercer ta souveraineté, tu vas te dépêcher de l'abdiquer » entre les mains d'une petite cohue d'élus réunis de tous les » bouts de la France. »

Il eût dit à ce peuple :

« En faisant table rase des usurpations antérieures, la ré» volution a anéanti toutes les lois de répression que ces usur» pations avaient échafaudées pour se défendre et lier le » peuple.

» En proclamant la liberté de la presse, le droit de réu» nion, d'association, d'enseignement, etc., nous proclamons » que le peuple est rentré dans ses droits, des droits indispen» sables à l'exercice de sa souveraineté.

» Le gouvernement appartient au peuple. Le peuple ne » doit plus s'en dessaisir.

» En conséquence, nous n'inviterons point le peuple à » DÉLÉGUER sa souveraineté à des mandataires arbitres de son » sort, c'est-à-dire à de nouveaux maîtres qui, sous prétexte » de le représenter, et de lui donner une Constitution et des » lois conformes à sa volonté, lui imposeront en réalité, fata» lement, leur volonté à eux, c'est-à-dire une nouvelle servi» tude.

» Le peuple universel est le seul pouvoir, le seul souve» rain, par conséquent le seul législateur.

» Il fera seul ses lois, ou, s'il lui convient de les faire pré» parer par des mandataires, ces mandataires ne seront ja» mais un POUVOIR, à plus forte raison un POUVOIR EXTÉ» RIEUR A LUI. Les projets de loi, préparés et proposés par » ceux-ci, ne seront lois que par la sanction du peuple uni» versel.

» Il est temps d'en finir avec les révolutions, c'est-à-dire » avec les gouvernements d'usurpation, avec les dynasties, » avec les partis. Cela ne se peut qu'en submergeant les » partis dans la nation. La volonté collective du peuple est » la seule loi que le peuple puisse tenir pour légitime et re» connaître. Et ce n'est pas comme gouvernement de révo-

» lution, mais comme membres du peuple nous-mêmes, et de » notre propre droit d'hommes et de citoyens français, que » nous proclamons ces grands principes. Le peuple universel » est le législateur naturel du peuple : chaque citoyen a le » droit de n'en pas reconnaître d'autre. Tel est le dogme » moderne du droit politique ; l'esprit vivant de la société » nouvelle.

» L'Assemblée nationale, c'est donc la nation toute en- » tière.

» Et comme la nation ne se peut réunir en une seule as- » semblée, elle se formera en sections dans chaque localité.

» La loi est un contrat intervenant entre tous les membres » de la société. Elle ne saurait, sans instituer une inique ser- » vitude, être obligatoire pour ceux qui auraient été repous- » sés de la formation de ce contrat. En conséquence, tous les » Français majeurs des deux sexes font, de plein droit, par- » tie des sections où est leur domicile.

» Les sections voteront en même temps, par toute la » France, sur chaque proposition mise à l'ordre du jour de » la nation. Les suffrages totalisés manifesteront la volonté » du peuple français.

» Cette manifestation sera la loi.

» Les sections se constitueront régulièrement le 10 mars » 1848 par toute la France en formant leurs bureaux à » l'élection.

» Nous, ministres provisoires du peuple, investis par la » nature des choses d'une initiative temporaire, nous propo- » sons au peuple français de décréter dans les séances des » (tels et tels jours) :

» I. La loi est l'expression de la volonté collective et di- » recte du peuple, représenté par tous les nationaux majeurs.

» II. La presse (mode de communication de la pensée » publique avec elle-même), est affranchie de toute entrave, » cautionnement, timbre, et servie gratuitement par les postes » nationales.

» III. L'imprimerie et la librairie sont libres.

» IV. Les citoyens ont le droit de former toutes espèces » de réunions et d'associations.

» V. L'enseignement est libre.

» VI. Toute proposition réunissant 500 mille suffrages sera » réputée prise en considération par la nation et mise à son » ordre du jour.

» VII. Sauf les cas d'urgence, il s'écoulera au moins un » mois entre la mise à l'ordre du jour et le vote de la propo- » sition.

» VIII. Toute proposition relative soit à l'ordre du jour, » soit à la révocation du ministère du peuple, sera réputée » d'urgence.

» IX. Le ministère du peuple rédigera la loi conformément aux principes votés par le peuple. »

Si le gouvernement provisoire eût fait cela, rien que cela, au lieu de présenter à la souveraineté du peuple l'impasse, je répète le mot à dessein, le traquenard de la DÉLÉGATION, il eût en réalité, dans le monde moderne et pour la première fois, mis la souveraineté du peuple en exercice, en fonction, en vie. Il eût remonté ainsi à la source du droit, de la légitimité; il eût résolu ce formidable problème du pouvoir démocratique, qui fermente depuis trois cents ans dans les flancs de nos sociétés, et clos l'époque révolutionnaire ou volcanique de l'ordre nouveau.

On ne dira pas, je pense, que ceci n'était pas faisable; rien n'était plus facile. Les sections se fussent constituées au jour dit sur tout le territoire de la République, et en trois ou quatre séances les neuf propositions eussent été votées.

XIV.

Je demanderai d'abord ce que fussent devenus les haillons *légitimes* des vieux partis monarchiques en présence de cette légitimité-ci ?

Dès que la nation eût compris, par l'expérience de quelques votes, qu'elle pouvait facilement décider elle-même de son sort, régler directement toutes ses affaires importantes, dès qu'elle se fût sentie réellement majeure et souveraine, en exerçant formellement elle-même sa souveraineté, je demande comment l'idée eût pu venir à quelqu'un d'espérer la faire rentrer en tutelle, en minorité, de lui proposer d'abdiquer, de déléguer son droit? Cette simple expérience eût été une révélation. C'en était fait des vieilleries politiques. Ce que nous connaissons sous le nom de parti, c'est-à-dire ces diverses agrégations d'intérêts aveugles, d'étroits préjugés, cristallisées autour de quelque forme de la servitude, étaient brisées, réduites en poussière. C'était la consommation des cadavres.

Ces cadavres, le gouvernement provisoire, en jetant la souveraineté nationale dans le trou de la délégation, les a ressuscités. Nous avons déjà remarqué en effet que, dès que la souveraineté nationale s'abandonne, se délègue, la Nation rentre immédiatement sous un gouvernement extérieur à elle, c'est-à-dire sous un instrument de domination dont nécessairement quelque influence partielle se saisira. La souveraineté passant de tous à neuf cents, ou tel autre petit nombre que vous voudrez, les partis n'ont plus qu'à manœuvrer pour conquérir la majorité. En se retirant, la nation laisse à découvert la grève gouvernementale et les parasites l'envahissent. Eh! comment voudriez-vous qu'elle gouvernât quand elle est absente? Quoi! les hommes de la souveraineté du peuple exigent eux-mêmes que le peuple donne sa démission, qu'il rentre en léthargie politique, et ils trouvent étonnant que les partis rentrent en exercice! Vous avez deux mois de victoire, vous les employez à refaire une bride au peuple; et la bride remise en place, vous vous étonnez que d'autres cherchent à s'en saisir, et que les plus agiles s'en emparent! LA DELÉGATION, c'est la bride, c'est la monarchie. Démocrates, vous avez fait de la monarchie comme M. Jourdain faisait de la prose.... Je dis ceci sans récrimination; je n'en aurais pas le droit, n'ayant pas plus pensé que vous-même et que le gouvernement provisoire à cette solution si simple, si naturelle du problème de la souveraineté du peuple, qui consiste, pour que le peuple se gouverne lui-même, à le laisser se gouverner lui-même! Puisons dans nos erreurs des leçons pour l'avenir.

XV.

La décision du gouvernement provisoire qui eût mis la France en possession d'elle-même submergeait donc les partis monarchiques.

On peut se demander quelle eût été, en face de cet acte, l'attitude des hommes révolutionnaires.

Je dis que les plus ardents, les plus volcaniques, eussent été calmés net.

Ce qui, à toutes les époques, a causé les violences sincères ou servi de prétexte plausible aux violences ambitieuses, c'est la crainte, toujours fort légitime on en conviendra, puisqu'elle a toujours été justifiée, que la révolution fût escamotée, et le Peuple, en fin de compte, frustré de sa victoire.

Les hommes des clubs, les chefs des barricades, ceux que l'on a appelés les *Rouges*, ne voyaient certes que de mauvais œil, en mars et en avril, approcher une assemblée constituante. Un instinct, des mieux fondés, les avertissait que la révolution démocratique et sociale, loin d'y trouver son port, y toucherait sur un premier écueil.

Cependant, malgré les craintes aussi vives que justes de la partie la plus inquiète, la plus susceptible de la démocratie, nulle opposition sérieuse ne fut faite à la réunion d'une assemblée nationale issue du suffrage universel.

L'idée de la législation directe n'était venue à personne, encore moins avait-elle été produite. En l'absence de ce mode de manifestation de la volonté nationale, la représentation, par voie de suffrage universel, paraissait la seule issue. Eh bien! ces violents, ces rouges, ces hommes de crime et de sang, comme disent les petits folliculaires et les grands menteurs de la réaction, ces hommes qui étaient les maîtres de Paris, qui sentaient, profondément quoique sans analyse, que la souveraineté nationale et la souveraineté d'une assemblée nationale n'étaient pas choses identiques, qui ne doutaient guère, dans le for intérieur, que la seconde n'eut bientôt dévoré la première et désarçonné la démocratie, ces hommes, — tant est forte sur les âmes démocratiques non pas seulement le droit démocratique dans sa majestueuse toute-puissance, mais la simple image, l'ombre seule de ce droit! — ces hommes laissèrent venir sans opposition l'assemblée à Paris. Bien plus, ils s'inclinèrent, le 4 mai, devant elle et saluèrent d'un immense hommage, en elle, le droit souverain du Peuple qu'elle semblait représenter.

C'était la seule forme connue du Droit! Je le répète, malgré les voix intérieures qui leur annonçaient la défaite, cette forme qu'ils sentaient contenir la contre-révolution vivante, ils la respectèrent parce qu'elle *paraissait* être la forme du droit,

L'assemblée Constituante est aujourd'hui du domaine de l'histoire : on en peut parler avec liberté. Je dis donc carrément qu'au 15 mai elle était jugée;—jugée par le sentiment populaire et jugée juste. Ces onze grands jours qu'elle avait passés, sous la présidence flasque de Buchez, à discuter la moitié d'un mauvais règlement, prouvaient qu'elle était à dix mille mètres au-dessous du niveau des circonstances intérieures et extérieures. Le parti de l'ancien *National* avait l'hégémonie de cette réunion hybride. Rien ne sortait de cette assemblée, et au son qu'elle rendait la démocratie entendait bien qu'il n'en devait rien sortir, — rien du moins de grand, de large, de fécond, de vraiment démocratique. C'était un mulet. Le signe de la stérilité éclatait sur son front. Le gouvernement provisoire expiait, en agonisant dans la commission exécutive marquée pour tomber bientôt dans le sang, son défaut d'initiative et de fibre démocratique. Le petit nombre d'hommes d'idées, perdus dans cette assemblée, s'y sentaient pris comme dans une boîte et y étouffaient.

Honnête dans le plus grand nombre de ses membres, mais

impuissante, incertaine, timorée dans son ensemble, et toute prête à tourner en colères contre la Démocratie et le Socialisme, son incapacité notoire à résoudre le problème démocratique et social qu'elle avait confessé à la face du Peuple dans toutes ses candidatures, elle dut tomber et tomba, en une semaine, dans le despect du peuple. L'instinct démocratique reconnaissait qu'il ne s'était pas trompé. Cela fit le 15 mai.

Eh bien! — et c'est pour ceci que je fais l'histoire vraie du 15 mai, — je constate que ce 15 mai n'a été cependant qu'une *poussée*, un effet d'entraînement et d'exaltation vertigineuse subit, sans préméditation de la part de ceux mêmes qui l'ont accompli; que l'immense majorité de la démocratie l'a caractérisé de coupable extravagance, et que l'abandon où se sont trouvés les auteurs, je dirai même les *auteurs malgré eux* de cette échauffourée, demeure comme un éclatant hommage au droit national universel! Cet abandon et ce blâme ont manifesté le respect de la démocratie pour une forme de ce droit, illusoire pourtant en elle-même, et dont le *contenu vivant* lui inspirait déjà plus que de la défiance.

Les républicains, avant 1848, estimaient tous très légitime de se défaire par un heureux coup de main d'un gouvernement de privilégiés, d'une charte et d'une monarchie bâclées en 36 heures par 223 députés que le corps des censitaires de la Restauration n'avait pas même nommés *ad hoc*. Or, depuis l'installation du suffrage universel, même après que sa première et surtout sa seconde épreuve eurent si mal tourné contre la démocratie, les républicains, même ceux vieillis dans les conspirations, ont professé le respect pour l'expression quelle qu'elle fût, quelque égarée qu'elle leur parût, de la volonté nationale. Ils ont condamné hautement toute pensée d'insurrection, quels que pussent être les actes du gouvernement, pourvu que le gouvernement respectât lui-même la Constitution et la source nationale où il puisait sa légitimité, le suffrage universel. Attendant tout de l'éducation de ce suffrage, ils respectaient le droit dans sa forme connue.

Je suis donc fondé à dire que si le gouvernement provisoire eût consommé le principe démocratique en prenant la souveraineté et son expression dans la volonté directement manifestée du peuple universel, les partis monarchiques eussent été engloutis dans la masse nationale et, du même coup, le grand parti démocratique satisfait et par conséquent calmé. Les plus *rouges* fussent devenus les plus amis de l'*ordre démocratique*, une fois cet ordre fondé, incontestablement fondé.

XVI.

Et les socialistes ! m'entends-je dire ; ces abominables rêveurs qui veulent détruire la famille, la propriété et bouleverser la société, vous ouvrez le champ national à leurs détestables fureurs !

Je voudrais qu'il fut possible de caractériser plus poliment cette objection : c'est une sottise. Le champ national sera, ce me semble, assez bien gardé, quand il sera gardé par le propriétaire qui est la nation.

Eh ! bon Dieu, pauvres gens que la peur aveugle, sachez donc que s'il y a une chance pour que vous tombiez un beau jour sous le coup de quelque socialisme, ce ne pourrait être précisément que par l'existence même et par la vertu du gouvernement extérieur et supérieur à la nation. Dès que cette machine de domination, en effet, dès que cette bride est là et qu'elle peut passer, comme cela se voit si fréquemment, des mains d'une coterie à celles d'une autre, on conçoit que tel parti socialiste se puisse flatter de la tenir un jour et de s'en servir.... c'est-à-dire de gouverner, d'exercer la dictature au profit de son idée, d'imposer son système à la nation, de par la loi, puisqu'il ferait la loi.

Et remarquez, bonnes gens, que ce cas échéant, pour que la nation ne subît pas ce socialisme en possession du gouvernement, il faudrait précisément qu'elle eût recours à elle-même, à sa spontanéité propre ; il faudrait qu'elle tirât d'elle-même un effort supérieur à la pression de cette machine gouvernementale forte de 400 mille baïonnettes, de 500 mille fonctionnaires, et du cortège de toutes les lâchetés violentes qui se rangent toujours à la queue du gouvernement ! Bien loin donc que l'exercice vrai, franc, direct de la souveraineté ou de la spontanéité nationale, — c'est tout un, — livre la société désarmée à la dictature d'un parti socialiste ou de tout autre parti, la séparation de ces deux termes, société et gouvernement, ouvre seule carrière à ces sortes d'entreprises.

Représentez-vous, en exercice, le gouvernement de la nation par la nation.

Toute proposition, politique ou sociale, est renvoyée devant les assises nationales.

Pour être *prise en considération* seulement, il lui faut déjà l'appui de 500 mille suffrages, — un chiffre plus élevé peut-être si le peuple, à la pratique, trouvait ce chiffre insuffisant pour s'opposer au débordement des propositions absurdes ou non encore arrivées à maturité : c'est un point du réglement de l'assemblée universelle.

Et après la prise en considération, le vote dans une assemblée de 16 millions de votants inscrits! De quel parti, de quelle secte, c'est-à-dire de quelle fraction, bonnes gens, auriez-vous donc peur?

Mais je sors toujours de mon programme. Il était convenu que je ne parlerais qu'à la Démocratie, et la Démocratie n'a pas besoin d'être rassurée contre elle-même. N'importe! Si l'on parvenait, en creusant la question, à gagner du monde dans les rangs opposés, ce serait chose heureuse. D'ailleurs, la masse flottante est toujours là. Continuons donc librement notre étude.

XVII.

J'ai démontré qu'en présence d'une nation de 34 millions d'hommes, exerçant régulièrement et directement elle-même sa souveraineté, en face de ce droit, primordial comme la substance, absolu comme la raison, clair comme la lumière, légitime comme deux et deux font quatre, les dogmes usés des vieux partis aussi bien que les prétentions dictatoriales des idées nouvelles, s'abîment et disparaissent. Quand un peuple a rappelé à lui le maniement de sa volonté législative, nulle fraction, vieille ou jeune, caduque ou robuste, ne saurait songer à le lui ravir. C'est l'évanouissement de toutes les factions, leur engloutissement.

Tant que ce peuple au contraire, comme une masse inerte, est mû par une machine gouvernementale extérieure à lui, dont chaque parti peut se servir pour imposer à la nation sa loi, le combat acharné de ces partis, les intrigues, les coups d'état et les révolutions sont nécessairement à l'ordre du jour.

Cette compétition est naturelle. Je dirai plus, elle est légitime. Si l'on croit à ses idées, en effet, et que la nation se gouverne elle-même, on cherche à la convaincre. On fait de la propagande. Mais si la nation se laisse gouverner, on doit chercher à enlever la machine gouvernementale à ceux qui s'en servent pour appliquer des idées opposées à celles que l'on croit bonnes, et à l'utiliser au profit de celles-ci. On fait alors de l'intrigue, de la bataille, de la compétition politique.

Dans un cas, lutte des idées pour conquérir l'adhésion des esprits;

Dans l'autre, combat des partis pour s'emparer de la machine de domination.

Et comme nous vivons dans des temps où nul parti ne saurait imaginer que les autres lui cédassent jamais le pouvoir et ne travaillassent à le démolir quand il les domine, il est clair que la société sera en révolution permanente, en guerre patente ou latente, tant que la nation, consommant enfin le principe démocratique, ne reprendra pas elle-même le maniement de sa volonté, le gouvernement de ses affaires.

Amis de la sécurité, de la stabilité, cherchez bien, cherchez de tout côté, et si en politique vous trouvez ces biens que vous désirez quelque part ailleurs qu'au bout de la route où l'humanité marche si visiblement depuis trois siècles, veuillez nous en aviser. Mais vous perdrez votre temps. Liberté de tous, égalité de tous, souveraineté de tous exercée par tous, réalisation absolue du droit, tel est le terme. Impossible d'empêcher le monde moderne d'y tendre. Pourquoi donc retarder la marche, puisque vous n'aurez jusque-là que la bataille furieuse des partis pour le monopole du pouvoir, et toujours l'assaut donné par les exclus et par le droit démocratique, à celui qui se trouvera momentanément en possession? Prolonger le provisoire, l'instabilité, la guerre, est-ce bien habile à vous, surtout quand il est certain que malgré tout on verra la fin, et que plus vous aurez mis d'obstacles à cette fin, plus vous vous la serez préparée mauvaise?...

XVIII.

J'ai dit que le peuple français est désormais ingouvernable autrement que par lui-même.

Je ne discuterai pas en détail la possibilité de son gouvernement par l'un quelconque de nos partis monarchiques. La formule de dynamique politique qui ne donne, pour le gouvernement de chacun de ces partis, qu'un équilibre *instable*, suffit à la démonstration. Je la reproduis :

« Capables de se coaliser momentanément contre la démo-
» cratie et le socialisme, les vieux partis ne sauraient s'enten-
» dre sérieusement entre eux ou se subordonner sincèrement
» à l'un d'entre eux. Ils auront d'ailleurs incessamment contre
» eux la puissance du droit collectif, et des intérêts popu-
» laires qui se développent invinciblement dans le monde mo-
» derne. » Voilà la formule. Elle est assise sur la logique et sur l'histoire.

Ce qu'il s'agit de montrer maintenant c'est qu'aucun *parti* démocrate ou socialiste ne saurait non plus, lui-même, exercer le gouvernement du peuple français.

Je vais, pour embrasser tous les cas, supposer qu'un accident politique, comme on en voit tant, a débarrassé la France du gouvernement de la réaction. Naturellement, celle-ci s'aplatit, comme en Février. Je vais plus loin : j'admets que la démocratie triomphante a, cette fois, par raison de précaution, exporté toutes les notabilités réactionnaires et que, en sus, par voie de représailles, et pour n'être pas entravée dans l'œuvre de l'organisation démocratique et sociale, les droits politiques de tous les citoyens connus, dans chaque localité, comme ayant secondé les mesures de la ligue contre-révolutionnaire, sont suspendus jusqu'à nouvel ordre. Je fais ainsi, par hypothèse, à la démocratie sociale, la partie la plus facile, je lui mets toutes les cartes en mains.

Eh bien ! dans cette occurence, si le principe démocratique du gouvernement du pays PAR LUI-MÊME, n'est pas appliqué, je dis que la nouvelle victoire ne sera bientôt que le plus déplorable et le plus misérable des avortements... et je le prouve.

Un groupe de chefs démocrates socialistes est au gouvernement.

Ou ce gouvernement entendra, sous prétexte de nécessité révolutionnaire exercer pendant un temps plus ou moins prolongé la dictature.

Ou bien, dans le plus bref délai, il convoquera une assemblée nationale souveraine et nommée exclusivement par les électeurs démocrates.

Je dis que l'un ou l'autre de ces gouvernements se verra immédiatement assailli par des difficultés insurmontables.

Je laisserai si l'on veut toutes les embarras ordinaires des crises de ce genre et notamment ceux du trésor.

Le gouvernement aura sur les bras la QUESTION SOCIALE. Cela suffit à ma thèse.

La question sociale, à l'existence de laquelle on refusait de croire avant Février, a fait sur la scène du monde, à cette date, une apparition assez formidable.

Je demande quelle comparaison se pourrait établir entre cette première apparition et l'explosion qui éclaterait dans les circonstances que je suppose?

Ce ne seraient plus les prolétaires de Paris, de Lyon, de quelques grandes villes : ce seraient les innombrables phalanges des prolétaires des villes et des campagnes de la France entière, aujourd'hui dûment socialisés, n'entendant pas qu'on escamote, cette fois la question, et demandant au gouvernement démocratique et social l'accomplissement du socialisme, c'est-à-dire, pour abréger : PLUS DE MISÈRE !

Il n'y a pas à dire ! un gouvernement démocrate socialiste n'aurait pas, comme la réaction, la ressource de répondre au peuple en lui présentant 400 mille bayonnettes.

PLUS DE MISÈRE ! Voilà le premier point du programme socialiste du peuple. Il y en a encore d'autres. Mais, toujours pour simplifier, celui-là me suffit. J'admets encore que le peuple mette de nouveau *trois mois de misère* au service du gouvernement démocratique et social en exercice. Que fera ce gouvernement ? Comment s'en tirera-t-il ? Comment résoudra-t-il le problême !

Oh ! je sais fort bien qu'il ne manque pas de réponses à ma question. Il y a, je veux le croire, bien des plans de gouvernement révolutionnaire et de réorganisation sociale du pays, tout prêts dans bien des poches. Mais c'est justement là le malheur.

L'unité s'est faite autour du *mot* Socialisme, cela est certain. Adopté comme drapeau commun, il signifie pour tous : nécessité d'un ordre social nouveau. On est encore, je l'avouerai, assez d'accord sur les résultats généraux que doit produire cet ordre nouveau : Liberté, égalité, fraternité, solidarité, aisance universelle par le travail, éducation générale, etc., etc. Je pourrais allonger la liste. Mais que sera cet Ordre capable de tous ces résultats ? QUELLE ORGANISATION donner à la société et COMMENT la lui donner ? — Ici l'accord cesse. Les ateliers sociaux, les divers communismes, la Triade, l'An-Archie, le Phalanstère, la Gérance des sociétés en commandite appliquée au Gouvernement, et tous les socialismes, peu connus ou inconnus, des socialistes qui n'en ont guère ou qui n'en ont pas et qui ne s'entendent pas mieux entre eux pour autant, certes tout cela, sous les noms de Louis Blanc, de Cabet, de Pierre Leroux, de Proudhon, de Considerant, de Girardin, de Ledru-Rollin, de Blanqui, de Michel de Bourges, enfin de toutes les étoiles de première ou de seconde grandeur qui brillent au centre de quelqu'une des nombreuses constellations démocratiques et sociales de notre temps ; tout cela, dis-je, ne paraît pas encore disposé à faire bien bon ménage. Même devant l'ennemi, le ménage est fort mauvais. Que serait-ce après la victoire !

Après la victoire ! y a-t-on bien songé ? Quoi ! les antagonismes se sont si outrageusement développés que les idées, de simples idées, de simples spéculations de la pensée, se mordent, se déchirent à belles dents devant l'ennemi commun ! Et, dans des circonstances révolutionnaires, quand l'ennemi serait vaincu, quand il s'agirait de s'arracher le pouvoir pour arriver à l'acte; quand il s'agirait ou de réaliser son système ou de subir le joug des systèmes adverses, on espérerait quelque accord ! Mais c'est demander le calme à la tempête ! c'est demander à l'eau d'alimenter le feu, à l'huile de l'éteindre !

Je dis, moi, que les combats de la Gironde et de la Montagne, des dantonistes, des hébertistes, des robespierristes, des thermidoriens, ne seraient que de l'eau de rose à côté de ce que réserverait, au socialisme, la guerre de compétition qui s'engagerait entre ses éléments, si le pouvoir démocratique qui est, par définition même, le pouvoir *de tous*, devait tomber encore sous le monopole de quelque *fraction*.

Les événements se succèdent, mais le passé est passé. Il ne se refait pas. Nous ne sommes plus en février 1848. Les antagonismes, c'est un fait qui flambe, se sont prodigieusement développés dans les éléments virtuels du monde nouveau. La démocratie et le socialisme ont aujourd'hui leurs divisions, leurs partis, leurs pôles contraires. Ces éléments sont en chaos. C'est l'histoire de toute genèse, de toute création. Chacun de ces éléments, comme idée, dans la nation et devant la nation, est parfaitement légitime. Qu'il y fasse son travail, c'est son droit et c'est son devoir. Mais chacune de ses forces aussi devient souverainement illégitime et suscite (par bonheur !) toutes les autres contre elle, dès qu'elle veut devenir despotique, s'imposer, faire, par voie d'autorité, la société à son image.

Donc, il ne faut pas ici se coiffer d'illusions : le lendemain du jour où la démocratie sociale aurait triomphé d'une manière quelconque chez nous, on ne retrouverait plus dans ses rangs l'accord, la patience, la subordination volontaire que le gouvernement provisoire de 1848 y a rencontrés. Il n'y faut plus compter.

La dictature révolutionnaire d'aucun élément partiel n'est donc possible. Elle serait immédiatement entourée d'abîmes et de flots furieux. Je sais que la démocratie abonde en héroïques dévouements. Je ne doute donc pas qu'il ne se trouve, en face de ces périls, fussent-ils bien prévus, nombre de Codrus décidés à les affronter, nombre de Décius tout prêts à se jeter dans le gouffre béant, pour sauver la démocratie et la France. On se disputerait par dévouement la dictature révolutionnaire, se présentât-elle sous la forme d'une barre de fer rouge. Malheureusement le sacrifice serait stérile. Le pouvoir dévorerait improductivement tous ses martyrs en un clin-d'œil...

C'est que nous sommes dans un temps où la démocratie et

le peuple ne sauraient se sauver et triompher que par EUX-MÊMES.

Le peuple est majeur. Blancs, bleus ou rouges, il ne souffrira plus de tuteurs. Voilà ce qu'il faut comprendre et ce dont tous les démocrates doivent se réjouir.

Quand les masses étaient indifférentes, passives, inertes, elles étaient gouvernables par en haut. C'était le beau temps de la monarchie, des théocraties, des aristocraties. Quand les masses pensent, quand elles sont devenues actives, spontanées, quand elles ont des opinions, des volontés, des passions, elles sont alors des forces vives, libres, autochtones; elles ne peuvent plus se subordonner, obéir, dépendre. C'est leur avènement. La loi dès-lors ne peut plus être autre chose que l'expression même de leur pensée, de leur intérêt, de leur volonté collective. Or, ceci, c'est précisément la DÉMOCRATIE. Les hommes d'un sentiment démocratique très chaud, très dévoué, qui voudraient se substituer au peuple universel pour le sauver, pour faire ses affaires, au lieu de le laisser faire ses affaires et se sauver lui-même, violeraient *de facto* leur propre principe. Leur erreur, pour bien intentionnée qu'elle fût, n'en serait pas moins une usurpation monstrueuse. Ils en seraient immédiatement punis...

XIX.

La domination dictatoriale de l'un quelconque des éléments de la démocratie et du socialisme est désormais impossible.

Leur accord dans une dictature révolutionnaire où ils seraient tous représentés par leurs chefs, aurait-il quelques chances?

Je ne ferai pas même, à un aussi monstrueux syncrétisme de radicales incompatibilités, l'honneur de le discuter. Composez par la pensée un pareil comité de gouvernement et de salut public, et demandez-vous s'il durerait trois jours, demandez-vous s'il durerait seulement trois heures? Dût-il durer trois mois, demandez-vous ce qu'en trois mois ces contradictions réunies pourraient produire? Dans ce conseil de *rois*, chacun, en raison de ses convictions contraires, s'efforcerait nécessairement de faire les autres *mat*, et on ne saurait les imaginer demeurant quelque temps ensemble sur le même damier qu'à la condition d'un *pat* universel. Se neutraliser ou s'exclure, voilà le dilemme. Le premier des deux termes n'étant possible qu'un moment, le second est fatal, et le second c'est la guerre civile dans la démocratie. Et c'est fort heureux pour la démocratie, la vraie, j'entends.

Examinerons-nous l'hypothèse d'une assemblée nationale démocratique nommée après une révolution ou amenée simplement par une échéance électorale régulière?

La situation est identique.

Cette assemblée se trouve face à face avec le sphinx populaire qui lui pose la question sociale : PLUS DE MISÈRE!

Si cette assemblée ne renvoie pas la solution au sphinx lui-même, en lui renvoyant la souveraineté et se contentant d'organiser cette souveraineté par un réglement provisoire, elle ne tardera pas à manifester son impuissance et à en être accablée. Hétérogène comme les éléments qu'elle représente, la discorde éclate bientôt dans son sein. Que fera cette assemblée divisée, déchirée, volcanique? Elle commencera par une deuxième édition non-seulement *démocratique*, mais cette fois *démocratique et sociale*, du *Saturne révolutionnaire dévorant ses enfants*. Et comme ceci ne saurait satisfaire les différentes fractions du socialisme, non plus que le Peuple qui veut ce que veulent en résultat final tous les démocrates socialistes, mais ce qu'une collection de démocrates socialistes réunis en pouvoir législatif et formant gouvernement ne saurait donner, ce pouvoir avec beaucoup de dégâts s'abîmerait dans son impopularité. Des colères, des luttes de compétition, un combat furieux devant une tâche impossible : telle serait l'histoire de cette assemblée souveraine si elle gardait ce qui ne lui appartient pas, l'exercice de la souveraineté.

XX.

J'ai montré quelles seraient pour la démocratie les difficultés d'un lendemain de victoire.

J'ignore si beaucoup de démocrates se préoccupent aujourd'hui de ces éventualités. Pour moi j'y ai beaucoup songé et je ne crains pas de dire que je les vois dans leur réalité. L'état connu des idées et des âmes, les plus vulgaires enseignements de l'histoire et le simple bon sens sont mes garants. Verra qui voudra ouvrir les yeux. Il est vrai que rien n'est plus désagréable à certaines natures que d'ouvrir les yeux. Il est si doux de voguer, endormi, au vent de l'espoir et de la confiance. « Arrivons d'abord, nous verrons ensuite. » Avec ce refrain on chasse une prévoyence importune. Avec lui aussi on donne sur l'écueil et l'on y sombre. Oui, nous gagnons de la mer; oui, le vent et les courants nous poussent; oui, nous arriverons; oui, nous remporterons la victoire. Mais prenons-y garde : ce sont précisément nos victoires qui nous ont toujours coulés ! — Ne pas confondre la confiance éclairée et prévoyante avec la confiance aveugle.

Nous autres, utopistes phalanstériens, nous avons passé dix-huit ans à répéter vainement chaque matin aux républicains formalistes (des hommes *pratiques*, ceux-là), qu'ils devraient bien s'occuper un peu de *savoir* ce qu'ils feraient du *pouvoir* s'il leur tombait un jour dans les mains. Le jour est venu. On les a vus au timon. Quelles figures y ont-ils faites? Ils ont livré la démocratie à l'ennemi. Voilà l'œuvre de leur hégémonie dans le gouvernement provisoire et sous la Constituante. Démocrates socialistes, reproduirons-nous ce honteux spectacle ?

Il est certain que sous peine de périr d'un succès, la démocratie doit être prête. Il faut qu'elle sache comment se réaliser, s'organiser, vivre !

Or, au point où nous en sommes, il n'est plus possible de constituer, avec un personnel démocratique, un gouvernement quelconque dans les formes du passé. La démonstration de cette vérité éclate et se résume en deux mots :

« La démocratie et le socialisme sont divisés en *partis* incapables d'accepter l'hégémonie dictatoriale d'aucun d'entre-eux, incapables de s'accorder dans le syncrétisme d'un gouvernement extérieur à la nation, incapables par conséquent de résoudre, *par voie de pouvoir*, le problème social dont le peuple *exigerait immédiatement* la solution. »

Voilà plus d'incapacités qu'il n'en faut pour donner congé aux *partis* démocrates et socialistes. Est-ce vrai? — Oui, c'est vrai! et j'en appelle droit à la conscience de tout démocrate qui voudra réfléchir de sang froid pendant cinq minutes et répondre franc. Les faits sont là ! Je me suis borné à les exposer avec leur signification formelle, avec leurs conséquences directes, inévitables, fatales...

Ces faits, maintenant que je les ai exposés, je les bénis. Démocrates ! le développement historique ou providentiel de l'humanité vivante a amené enfin la NÉCESSITÉ du triomphe de la démocratie et l'avénement prochain du socialisme ! C'est clair. Les antagonismes des *partis* démocratiques sont tels que l'issue en UNIVERSALITÉ, c'est-à-dire l'entrée en DÉMOCRATIE, est forcée.

N'est-il pas vrai que les chefs de la démocratie sont mis, les uns par les autres et par les antagonismes de leurs adhérents, dans l'impossibilité de constituer désormais aucune de ces sortes de gouvernements par des comités, par une Assemblée, par une fraction quelconque, c'est-à-dire aucun gouvernement anti-démocratique, et que les voilà obligés dès-lors d'être démocrates?

Le diable est bien malin, dit le proverbe. Le proverbe a raison. Le diable n'était-il pas parvenu, en effet, assez généralement du moins jusqu'ici, à inspirer aux meilleurs démocrates, tout à fait à leur insu, l'esprit monarchique et aristocratique le mieux caractérisé? Sous couleur de l'intérêt du peuple, du salut de la démocratie, ne leur avait-il pas toujours insinué, souvent avec succès, que leur domination, leur gouvernement, tranchons le mot, leur dictature, — temporaire sans doute — était la condition nécessaire de la réforme démocratique de la société?

Eh bien! le génie de l'histoire, le développement vivant de l'humanité devait-être plus fort que le diable n'est fin. Voici, en effet, de telles conditions amenées par le cours des choses, qu'à moins de se déclarer atteint d'une folie ambitieuse relevant formellement de Bicêtre, les chefs des partis démocratiques doivent reconnaître chacun, qu'il n'y a de triomphe désormais, voire d'issue pour la démocratie, que par la démocratie elle-même, par l'UNIVERSALITÉ. Le peuple tout entier, contenant seul la totalité du droit, la plénitude de la majesté, de la souveraineté et au besoin de la force, reste seul capable d'absorber les contradictions des partis démocratiques, en engloutissant à jamais d'ailleurs les partis monarchiques. Voilà le fait, fait capital!

Dans sa simplicité et sa grandeur, ce fait résume toute la philosophie de la politique des temps modernes, en termine l'orageuse évolution, et clot enfin l'ère révolutionnaire par la consommation du *contenu* politique de nos soixante années de révolution.

En un pareil sujet il est permis d'insister. Je ne fais pas ici de la littérature et, dût-on m'accuser de redite, je veux, en peu de mots d'ailleurs, tracer l'orbite de cette grande évolution parcourue par le génie de l'humanité.

XXI.

L'humanité part du droit, mais du droit brut. La tribu primitive délibère tout entière sur l'intérêt public. La collectivité fait la loi.

L'humanité n'existe encore que dans ses éléments rudimentaires. Ils sont dissidents avec eux-mêmes. Divisées, les tribus ou les hordes se font la guerre. Les Etats se forment. Le travailleur protégé par le glaive du guerrier a bientôt trouvé en celui-ci son maître. L'hérédité incarne dans des castes les usurpations de la force. L'aristocratie et la monarchie grandissent tandis que l'intelligence ambitieuse, se saisissant de la notion de Dieu, lui a prêté des formes redoutables, une puissance mystérieuse et terrible dont elle s'est constituée ministre. C'est la théocratie. Elle luttera avec l'aristocratie et la monarchie quand elle se croira de force à les dominer ; ou bien elle se liguera avec elles pour partager les profits d'une exploitation commune. La Force et l'Astuce sont régulièrement substituées au Droit, au gouvernement primitif, à la Volonté Collective.

Entre temps les nations se développent, la science surgit ; l'industrie et le travail deviennent des puissances ; la notion du droit naturel se fait jour dans les masses, et, à mesure qu'elles s'éclairent celles-ci sentent mieux le joug. La justice, la liberté, le droit suscitent des poëtes qui les chantent, des philosophes qui les prouvent, des verbes qui les propagent, des martyrs qui les sanctifient. Le sentiment démocratique grandit, combat, triomphe. Il s'est formulé par la négation des autorités de race et de droit divin, des aristocraties, des monarchies, des théocraties. Il a proclamé son principe : *Le gouvernement du peuple par lui-même.*

Mais il faut remplacer les gouvernements renversés. Le retour à la forme primitive du droit semble impraticable. Comment réunir en assemblée la nation tout entière ? On ne s'aperçoit pas que les découvertes de la science, les merveilleux progrès de l'industrie, des communications, de l'administration, et le principe de la division du travail permettent de rentrer dans la plénitude du droit naturel, non plus, il est vrai, sous la forme brute d'une immense unité confuse de tous les éléments, mais sous la forme perfectionnée d'une variété d'éléments fournissant séparément leurs manifestations partielles, qu'il est facile de totaliser, de centraliser, de ramener en un clin d'œil à l'unité.

Ayant passé à côté de cette solution, force est au peuple de chercher à infuser son esprit dans les formes vides laissées par les aristocraties et les monarchies vaincues : il a recours à la DÉLÉGATION. La délégation lui semble une transaction entre le droit et son impraticabilité préjugée ; elle va bien, d'ailleurs, à ses chefs. Ils seront ÉLUS ; ils remplaceront au gouvernement les hommes de l'aristocratie et de la monarchie. Les chefs démocrates ne s'aperçoivent pas qu'ils deviennent eux-mêmes, par la DÉLÉGATION, des aristocrates et des monarques, qu'ils rétablissent un gouvernement extérieur et supérieur à cette Volonté Collective pour l'inauguration de laquelle seule ils ont parlé et combattu ! La machine de domination rétablie, les plus forts ou les plus rusés s'en emparent. La démocratie est déçue par les erreurs aristocratiques de ses propres soldats. Les dissentiments éclatent dans son sein ; les antagonismes s'y formulent en partis hostilisés par la compétition du pouvoir. Ces partis sont bientôt inconciliables. Le peuple n'ayant saisi qu'une ombre, s'en prend successivement à toutes les coteries qui exercent le pouvoir ; son mécontentement et la coalition naturelle de toutes les coteries exclues contre celle qui parvient à dominer un instant, rendent ces gouvernement *partiels* de plus en plus instables. Aussi les voit-on culbuter les uns sur les autres, jusqu'à ce que toutes les combinaisons usées et archi-usées, l'irréductibilité démontrée des partis, l'impossibilité radicale de leur subordination ou de leur accord dans un gouvernement extérieur à la nation, fassent éclater enfin cette vérité si simple : *Pour que la nation soit gouvernée par elle-même, il faut que ce soit elle-même qui se gouverne.*

M. de La Palisse eût formulé d'inspiration cette vérité, il nous aura fallu soixante ans de combats et de révolution pour la découvrir.

Dès que ceci est compris par le peuple, — et je jure que ce sera bientôt compris par le peuple de France, — l'évolution *politique* est finie.

Le problème politique, en effet, avait pour éléments la lutte des diverses formes fausses de gouvernement, la compétition des partis, et la construction impossible du gouvernement de la nation par la nation, au moyen de pouvoirs extérieurs à la nation. C'était un cercle vicieux et fatalement révolutionnaire. Tout cela tombe devant l'intervention du Peuple en personne. C'est le *Deus ex machinâ*. Baissez la toile et *plaudite cives* : le drame politique est fini.

Quand le peuple français aura exercé trois jours formellement sa souveraineté, je voudrais bien savoir, en effet, qui oserait lui contester son droit, son autonomie ? quelle fraction s'aviserait de prétendre à la domination sur la TOTALITÉ, quand la TOTALITÉ comprendra qu'elle peut agir et agira en tant que TOTALITÉ ? On conçoit des partis se disputant entre eux un gouvernement extérieur à la nation. On ne les conçoit pas disputant à une nation, qui l'exerce, son pouvoir sur elle-même.

Non. Le souverain légitime est trouvé ; il fonctionne. La Constitution, c'est tout simplement désormais l'existence, la pensée, la volonté, l'autonomie du peuple universel. Vous n'avez plus à vous battre les flancs pour imaginer des constitutions artificielles, ni à vous battre entre vous pour faire prévaloir celles qui vous plaisent respectivement. Il n'y a plus de constitution sur le papier, parce qu'il y a une constitution vivante. Elle s'appelle en France le Peuple français, en Allemagne le Peuple allemand, etc...

Là où la loi naturelle fonctionne, la loi, ce que nous appelons la loi, la loi positive, ce genre de loi que nous fabriquons nous-mêmes, disparait. La société n'aura atteint la perfection dans tous ses organes que le jour où, pour nul d'entre eux, elle n'aura plus besoin de lois; quand toute force coercitive sera superflue; quand les relations sociales iront bien d'elles-mêmes par la spontanéité, la liberté, l'harmonie naturelle des êtres humains qui la composent. L'exercice de la souveraineté du Peuple par le Peuple, supprime déjà toute Constitution du pouvoir politique, artificielle, écrite, conventionnelle, par la raison fort simple qu'il est la constitution naturelle de la Souveraineté.

XXII.

Ce qui imprime un caractère si redoutable à la crise que subissent en ce temps-ci les sociétés européennes, c'est la complication des deux grands problèmes : le problème politique et le problème social, posés en même temps dans le champ de l'histoire.

Que si, par hypothèse, le peuple fait ses affaires lui-même, le *droit absolu* en matière de gouvernement et de souveraineté étant consommé, le but de l'évolution politique de l'histoire moderne est atteint. Voilà la société débarrassée de la CAUSE de toutes les révolutions qui l'ont bouleversée depuis soixante ans. Reste la question sociale.

Je dis que la souveraineté effective du Peuple, qui résout définitivement le problème politique, met à l'instant le problème social en bonne voie de solution prochaine.

Constatons d'abord un fait capital : c'est que la question sociale, qui dévorerait tout gouvernement *partiel* de démocrates socialistes, ne saurait mordre sur le gouvernement du peuple intégral. C'est évident. Tout gouvernement extérieur au peuple est responsable devant le peuple. Tout gouvernement extérieur au sphinx est en face du sphinx qui lui pose l'énigme, le somme de la résoudre et le dévore inévitablement, la réponse lui étant impossible. Mais si le gouvernement est le peuple, le sphinx lui-même, le sphinx ne se dévorera pas.

Tout à l'heure l'intelligence du peuple n'était pas éveillée, ne fonctionnait pas. Le peuple n'avait que des besoins. Il était comme l'animal, et le gouvernement, son maître, était chargé de pourvoir à ses besoins et de penser pour lui.

Investi maintenant de son autonomie, le Peupe devient être intelligent, libre, responsable. Il se charge de lui-même. Il voit les difficultés face à face et s'il ne les peut résoudre en un clin d'œil, il ne saurait plus du moins s'en prendre à personne.

Quand la pyramide politique repose sur la nation, elle est carrément assise sur sa base et non plus en équilibre artificiellement sur sa pointe. La stabilité est garantie. Premier point capital.

Le peuple ayant à résoudre lui-même la question qu'il pose, ne peut plus exiger d'autrui une solution *immédiate*, impossible dans l'état des idées et des choses par la contradiction même de ces idées et de ces choses. Deuxième point capital.

Mais la question sociale étant à l'ordre du jour du peuple, n'en pouvant être retirée puisque le peuple en veut la solution, ne pouvant être *immédiatement* resolue, puisque les idées du peuple sont encore contradictoires, il faut qu'il se prépare à la résoudre. Et comment s'y préparera-t-il? Evidemment et forcément par la seule voie qui reste ouverte, la seule d'ailleurs qui s'accorde avec le principe réalisé de la spontanéité et de la liberté de tous.

Je m'explique.

La loi étant l'expression de la volonté de tous, que va-t-elle tout d'abord produire? Nécessairement ce que chacun veut d'abord et immédiatement pour lui et ce qu'une décision de la volonté collective peut immédiatement réaliser: *la plus grande liberté possible*, liberté de la parole parlée ou écrite, liberté d'enseignement, liberté de réunion et d'association, etc. Dans notre hypothèse, ces libertés seront voulues et votées immédiatement par les hommes de toutes les opinions, chacun en ayant besoin pour la sienne. Elles n'auront plus d'ailleurs de dangers politiques, la souveraineté active de la nation n'ayant à craindre aucun prétendant sérieux, aucune compétition, aucun parti visant à lui arracher le pouvoir.

Les divers socialismes, nés ou à naître, ne sauraient plus songer à s'imposer dictatorialement, à se réaliser par autorité gouvernementale extérieure à la volonté collective de la nation. Ils ne peuvent donc plus devenir des forces politiques dont la tyrannie soit à redouter. Les dangers résultant particulièrement de la complication du problème politique et du problème social ont disparu et avec eux toutes les craintes, toutes les terreurs artificieusement exploitées par les intrigants monarchiques de toutes les patries.

Les divers socialismes, c'est-à-dire les diverses propositions de solution de la question sociale, sont ainsi ramenés, forcément, à ce qu'ils doivent être, à l'état d'IDÉES se développant librement dans la nation et fonctionnant devant l'opinion collective.

Deux voies sont ouvertes à chacune de ces idées pour arriver à réalisation :

1° La voie *législative*. Cette voie ne peut plus appartenir à une minorité détentrice du pouvoir. Elle appartient à la nation toute entière. Pour parvenir par cette voie, il faut qu'une idée ait atteint ce que l'on appelle la maturité, qu'elle ait conquis l'adhésion de l'opinion publique.

2° La voie *scientifique*. Celle-ci est la faculté appartenant désormais aux partisans de chacune des idées socialistes, de faire librement leur propagation dans les esprits par exposition et discussion, et de s'associer entre eux pour la mise en pratique, et, par cela même, pour la mise *en expérience devant la société*, de leurs systèmes respectifs.

Les progrès des sciences, que je sache, n'ont jamais été décrétés par la loi. Ils ont toujours été, ils seront toujours l produit de la *spontanéité* des hommes de science, de leurs études, de leurs discussions, et, finalement, de leurs EXPÉRIENCES. La voie qui a servi, qui servira toujours au progrès de toutes les autres sciences, devient nécessairement celle de la science sociale aussitôt que les divers socialismes, ne pouvant plus être des *partis politiques* en compétition pour le *pouvoir* gouvernemental, ne sont plus que des *écoles* en compétition pour la *libre conquête des intelligences*.

Je dis plus. Longtemps avant que le Phalanstère, la Banque du Peuple, les Ateliers sociaux, le Communisme icarien ou toute autre formule aient acquis assez de partisans pour songer à faire une entrée quelconque dans la voie législative, ils en auraient cent fois, mille fois plus qu'il n'en faudrait à chacun respectivement pour se réaliser avec ses propres partisans, spontanément, sans loi aucune, au sein de la nation et de la liberté !

Or, dès qu'une formule socialiste peut se réaliser sans attendre la loi, longtemps avant de pouvoir songer à demander la loi, qui pourrait l'arrêter dans ses expériences et à quoi lui servirait la loi ?

Je vous le dis en vérité, ôtez-moi cette compétition du pouvoir qui arme fatalement les Idées et en fait des Partis; donnez-moi la liberté, que la souveraineté nationale réalise nécessairement, chacun la voulant pour soi-même : à ces deux conditions, je vous garantis la prompte solution du problème social.

Le problème est posé dans le Peuple vivant, les esprits travaillent, les idées s'élaborent par la discussion, s'incarnent dans de libres expériences. C'est ainsi que la science, la vraie science, la science féconde, le progrès sérieux se fait dans l'humanité.

Je n'insiste pas sur cette démonstration; elle est trop péremptoire. Je dis plus : je défie que l'on imagine une autre voie, dans l'état actuel des choses, qui se puisse comparer à celle-ci pour ouvrir issue sur de la société nouvelle.

L'évolution politique accomplie par la réalisation pleine, absolue, du droit démocratique; cette immense et formidable question révolutionnaire du pouvoir vidée; les haines intestines, les luttes furieuses, les inextricables difficultés, les complications de tout genre qui lui sont propres taries dans leur source : la liberté et la spontanéité de l'esprit humain font, du même coup que la souveraineté du Peuple, leur glorieux avénement. Tous les socialismes, c'est-à-dire tous les laboratoires où se poursuit la recherche des conditions d'une organisation sociale supérieure fonctionnent librement. L'impossibilité où ils sont chacun d'*imposer* leur idée spéciale aux autres et à la société tout entière, et la pleine liberté dont ils jouissent pour leur développement légitime, anéantissent tous les dangers qu'ils pouvaient présenter comme partis, toutes les peurs qu'ils inspiraient, toutes les colères qui s'allumaient à ces peurs. Le problème est posé; le champ est ouvert à toutes les propositions, à toutes les discussions, à toutes les expériences. Si le problème social peut être promptement, facilement, heureusement résolu, par quoi serait-ce donc sinon par le libre jeu de l'intelligence et de la spontanéité de l'esprit humain?

Si quelqu'un, dans nos rangs, sait mieux qu'une telle situation pour cette grande affaire et propose autre chose, qu'il parle. Je suis prêt à écouter et curieux d'entendre.

Jusque-là, je tiens que j'ai démontré aux démocrates socialistes que, dans l'état actuel du monde européen, *la réalisation effective de la Souveraineté du Peuple, en résolvant définitivement le problème* DÉMOCRATIQUE, *ouvre la meilleure voie de solution au problème* SOCIAL.

XXIII.

On me dira que l'exercice de la Souveraineté du Peuple par le Peuple est une chose *impossible*.

Je pourrais me contenter de répondre que j'en suis désolé, mais que c'est une chose historiquement *nécessaire*. Et cette réponse suffirait. L'*impossibilité*, en effet, n'a jamais rien empéché. Qu'on me cite un progrès accompli, petit ou grand, qui n'ait, en son temps, été déclaré *impossible* par les hommes sages, c'est-à-dire par les Burgraves de l'époque. L'histoire des progrès de l'humanité n'est qu'un immense tissu d'*impossibilités* réalisées.

Cependant, — bien qu'il entre dans mon plan d'attendre les objections pour les démolir, ce dont je prends d'ores et déjà l'engagement, — je ne veux point être accusé d'avoir attiré, faute d'explications, les adversaires dans le piége. Je vais donc envisager le sujet d'un point de vue qui fournira le complément de cette exposition.

Le rôle législatif et gouvernemental paraît tellement chargé, qu'il est, j'en conviens, assez naturel de nier, au premier abord, que le Peuple s'en puisse tirer lui-même.

Qu'il me soit permis de reproduire une observation déjà faite, c'est que la Souveraineté réelle du Peuple, par cela même qu'elle termine la révolution politique moderne, supprime les neuf dixièmes des travaux dans lesquels nous voyons, depuis trente ans, nos assemblées législatives absorbées.

Les neuf dixièmes du temps de ces assemblées étaient employés, en effet, en fabrication de lois réglementaires, compressives ou répressives, dont la compétition des partis et l'ébullition révolutionnaire fournissaient l'éternel sujet ou l'éternel prétexte. Tout cela disparaît. Ce travail de Danaïdes est clos par la proclamation des libertés que les gouvernements extérieurs à la nation lui ont disputées depuis soixante ans. Sous ce rapport, la tâche est donc singulièrement simplifiée.

J'ai montré d'ailleurs que la spontanéité des individus, des opinions, des écoles, se chargerait naturellement et nécessairement, en dehors de la voie législative, par le fait même de l'avènement de la liberté, de la plus grande partie du travail de la réforme sociale proprement dite.

Ce néanmoins, je sais fort bien, et ne veux pas dissimuler, que l'ordre du jour national restera encore abondamment chargé.

Il s'agira en effet de la réorganisation administrative du pays, de la correction des lois antérieures en ce qu'elles contiennent de dispositions contraires au droit nouveau de la liberté, et des décisions à prendre au courant des affaires de gouvernement et d'administration du pays.

Eh bien! tout cela se fera, non pas en un jour sans doute, mais cela se fera promptement, beaucoup plus promptement par le Peuple universel que par nos assemblées législatives.

Pourquoi?

Pour une raison bien simple. Parce que nos assemblées

discutant phrase par phrase, mot par mot, les libellés des lois, ces discussions et les combats des amendements et sous-amendements qui se livrent sur le champ parlementaire où les principes contradictoires se disputent pied à pied le terrain, renaissant sans cesse sous toutes les formes imaginables, promènent dans des méandres infinis la confection des lois et n'en font sortir, très lentement, que des textes confus, compliqués, équivoques, souvent contradictoires et généralement détestables. D'où suit que quand un travail est sensé fini, c'est bientôt un travail à recommencer.

Depuis trente ans, nos assemblées n'ont pu parvenir à codifier un seul objet législatif. Est-ce vrai?

Comparez à la stérilité de ces travaux, à ces manéges d'écureuils dans la roue, à ce *tread-wheel* parlementaire, la fécondité du Conseil d'Etat de Napoléon! En trois siècles, je dis en trois siècles, ces assemblées n'exécuteraient pas la moitié de ce que ce Conseil d'Etat effectuait en moins de trois ans. Pourquoi? Parce que *le principe de la loi était donné par une volonté supérieure et que des comités d'hommes spéciaux n'avaient qu'à rédiger le texte conformément au principe fourni par cette volonté*. Voilà le pourquoi.

Hé bien! ce procédé est précisément celui de la législation directe. Il n'y a qu'une seule différence, c'est que le principe supérieur au lieu d'être l'expression de la volonté d'un despote, est l'expression de la volonté d'un peuple libre.

Le vote universel fixe le principe. Des commissions d'hommes spéciaux rédigent les textes conformément aux principes votés. Et j'ai précédemment montré que ces textes seraient nécessairement d'accord avec ces principes par la raison que le Ministère, sous la direction duquel les commissions opèrent, est responsable; qu'une infidélité de rédaction serait sans autre résultat que la chute immédiate de ce ministère; que la volonté nationale enfin ne sanctionnerait pas une loi rédigée contradictoirement à son vote.

Le ministère est bien maintenant le ministère du peuple. Il dépend directement de lui et comme tous les ministres d'un souverain fort, il sert naturellement la volonté du souverain.

Quand on est dans le vrai, les choses s'arrangent toujours avec beaucoup plus de facilité qu'on ne l'imagine. La fausseté complique; la vérité simplifie. Le peuple est de droit son propre souverain. En principe, c'est acquis. La liberté est le dogme de la société moderne. Tant que vous vous entêterez à repousser du domaine de la réalité matérielle et pratique, ce qui est la réalité intellectuelle et dogmatique, vous ne cesserez de croupir dans l'impuissance que pour vous débattre et vous déchirer dans la guerre et la révolution. Il n'y a que la satisfaction donnée, pleine et entière, au droit qui le puisse désarmer. Solidement assise dans son droit, n'ayant plus rien à redouter de ses ennemis, chargée elle-même de sa destinée, la nation procède aux œuvres organiques. Elle a devant elle le temps. Les choses urgentes et les propositions mûres viennent les premières; le reste, à l'occasion, au courant des besoins généralement sentis et des lois naturelles de l'initiative et de la spontanéité de l'esprit national en action, en fonction, en exercice.

Libre, la nation est responsable. Aussi, une mauvaise loi, sortie de la volonté nationale, vaut-elle mieux qu'une bonne loi décrétée par un gouvernement extérieur à cette volonté, contre cette volonté. Cette dernière loi, en effet, est une cause de tiraillements et de luttes intestines : les froissements qu'elle amène ne sont pas compensés par ses bénéfices. La première loi se critique elle-même par ses effets. La nation voyant sa loi en œuvre, la juge, la rappelle et la corrige.

N'oublions pas, d'ailleurs, que tout le terrain conquis par la *liberté* est autant d'enlevé à celui de la *règlementation* législative et gouvernementale, c'est-à-dire aux embarras, aux difficultés, aux impossibilités du pouvoir. Le domaine législatif se rétrécit de tout ce dont s'agrandit celui de la spontanéité. Un peuple souverain aura bientôt réduit la souveraineté de l'Etat à ce qu'elle doit être, aux seules affaires d'Etat, en accroissant les sphères de la souveraineté individuelle, et les libertés communales et départementales.

Un peuple que l'on gouverne reste ilote pendant des siècles. Un peuple qui se gouverne fera en peu d'années l'éducation de la liberté et de son intelligence.

Ce n'est pas dans l'esclavage que l'esclave acquerra le don de se servir dignement de la liberté. Pour qu'il se serve dignement de sa liberté, il faut d'abord qu'on la lui donne... ou qu'il la prenne. — C'est banal, ce que j'écris-là, et l'on ne devrait plus être obligé de le redire.

Mais je veux que je me fasse illusion sur la facilité de la législation directe. Ce mécanisme prendra trop de temps. Le peuple ne pourra pas tout faire. — Soit! j'accepte l'objection; nous y allons pourvoir.

XXIV.

Donc le Peuple ne pourra pas tout faire.

Alors, dirai-je, qui l'empêchera de se donner des aides?

Dans votre opinion le Peuple ne peut pas tout faire. Mais les uns et les autres vous voulez apparemment un organe qui fasse, que vous croyez capable de faire. C'est, pour les uns, une assemblée; pour M. de Girardin, une gérance élective astreinte seulement à obtenir, une fois par an, d'une assemblée de surveillance, l'approbation de ses actes; ce sera enfin la combinaison que vous voudrez, l'organe que vous croirez capable.

Eh bien! cet organe, capable à votre sens, qui empêchera le Peuple, s'il est trop chargé, de le créer et de le faire agir?

Holà! me crie-t-on de toutes parts, vous abandonnez votre idée! C'était bien la peine d'entasser tant d'arguments contre les gouvernements de délégation pour finir par y revenir.

J'en demande mille pardons à mes honorables interrupteurs, mais ils se trompent complètement. Je ne recule pas d'une semelle.

Qu'est-ce que je veux?

Je veux la RÉALITÉ de la Souveraineté du Peuple; plus de DÉLÉGATION de cette souveraineté sous aucune forme, sous aucun prétexte.

Je veux que la loi et les actes de gouvernement soient TOUJOURS l'expression même de la volonté formelle du Peuple.

Cela sera, évidemment, si le Peuple, dans ses sections, fait directement la loi et décide directement de tous les actes de gouvernement.

Cela sera encore, si le Peuple, après avoir décrété la souveraineté effective, absolue, et ses principales libertés, établit, pour faciliter son travail, une assemblée centrale, une gérance à la manière de M. de Girardin, ou tout autre organe, mais avec cette clause que la sanction du Peuple demeure toujours la condition *sine quâ non* de la légalité, l'autorité qui fait seule la loi.

Dans cette hypothèse, en effet, l'organe politique central n'est rien autre chose qu'une *commission* de l'assemblée générale du Peuple.

Quand les assemblées actuelles veulent confectionner une loi, elles nomment une commission chargée de la préparer. Cette commission fait le travail. Est-elle un POUVOIR? Pas le moins du monde. Son projet ne devient loi que par l'adoption de l'assemblée qui est le Pouvoir.

L'institution centrale quelconque, — que je concède pour ôter tout refuge aux impossibilités, — fonctionne sous les yeux du Peuple. Elle vote un projet de loi. Elle formule une mesure d'administration ou de gouvernement. Est-il nécessaire que, sur chacune de ces décisions, la volonté du Peuple universel se manifeste par un vote direct? Nullement. Les sections sont toujours ouvertes. Le Peuple a toujours son initiative. Si, dans un délai fixé par le Peuple lui-même, la proposition de la commission ne rencontre pas d'opposition, ou si cette opposition n'est soutenue que par un nombre de voix inférieur au chiffre nécessaire pour la prise en considération, c'est un signe certain, tout aussi certain qu'un vote, que la volonté nationale accepte la proposition.

Dans ce cas, le délai légal expiré, la proposition devient loi. La volonté nationale, en effet, est manifestée, par cela même que la Nation, libre de jeter son *veto*, ne l'oppose pas.

Qu'arriverait-il de ce système à la pratique?

Il arriverait que le plus grand nombre des questions de deuxième, de troisième, de quatrième ordre, de minime importance enfin, seraient réglées conformément à la volonté nationale, mais par la voie indirecte. Celles-là seules qui ne paraîtraient pas résolues dans le sens de l'opinion publique seraient reprises par les sections.

Quant aux grandes questions, aux questions de nature à passionner le pays, à moins d'être résolues de façon à réunir la presque unanimité, ce qui se rencontrerait j'en conviens, rarement, l'initiative des opposants les apporterait devant les grandes assises nationales.

Dans ce système, cela est visible comme la lumière, la gérance nationale, quelle qu'elle soit, exerce une *fonction*, nullement un *pouvoir*. Le Pouvoir, c'est toujours la Nation tout entière.

La Nation a des agents chargés de faire ce qu'il lui convient de se dispenser de faire directement elle-même. Mais tout se fait sous ses yeux, et rien ne se fait que de son consentement, toujours formellement manifesté, soit par voie indirecte de *non-opposition*, soit par voie directe d'*affirmation*.

Elle conserve, d'ailleurs, intégralement son initiative. soit pour les propositions qu'il lui plaît de convertir directement en lois, soit pour les actes qu'elle entend signifier à son gouvernement, soit pour la révocation de sa gérance et la nomination d'un nouveau personnel à son centre d'exécution.

Ses rapports avec son ministère ne cessent donc pas d'être, textuellement, les rapports d'un Souverain, et d'un Souverain absolu avec ses ministres, — agents parfaitement dépendants et continuellement subordonnés.

XXV.

M. de Girardin a paru, dans ces derniers temps, tout près de comprendre ce que j'ai le droit d'appeler sans contestation désormais *la mystification de la délégation.*

Dans un article de discussion avec la *Gazette de France*, il écrivait, le 18 octobre, à l'adresse de M. de Lourdoueix, les lignes suivantes :

« Ce que je tiens à savoir de M. de Lourdoueix, c'est le » nom qu'il donne à l'acte par lequel Louis XIV choisit Col» bert pour ministre. Est-ce une délégation?

» Si c'est une délégation, alors le Souverain ne se nomme » plus Louis XIV : il se nomme Colbert. Si ce n'est pas une » délégation; si Louis XIV, en prenant Colbert pour exécu» teur de ses volontés et de ses desseins, ne se dessaisit pas de » la plus petite parcelle de sa souveraineté et la conserve toute » entière, alors le raisonnement de M. de Lourdoueix s'é» croule par sa base.

» S'il est vrai qu'un souverain qui prend un ministre *exerce* » sa souveraineté et ne la *délègue pas*, j'ai le droit de dire à » M. de Lourdoueix qu'il n'a pas trouvé d'autres moyens de » combattre mes idées que de les dénaturer, en donnant à » tort le nom de *délégation* à ce qui n'est, en réalité, qu'une » *fonction*.

» Si toute fonction était une délégation, il n'y aurait plus » que des maîtres; car il n'y aurait pas de serviteurs. M. de » Lourdoueix sera donc obligé de reconnaître et de convenir » que c'est là précisément l'avantage du système que j'ai ex» posé, c'est que, dans ce système, la souveraineté nationale » s'exerce et ne se délègue pas. » (*Presse* du 19 octobre 1850.)

Dans la retraite où je suis relégué, j'ai peu de journaux à ma disposition, et je ne sais ce que la *Gazette* aura répondu à la *Presse*. Quoi qu'il en soit, je vais montrer à M. de Girardin l'erreur de son assimilation et lui prouver, par son propre principe, la fausseté radicale de son système, tel qu'il l'a proposé. Ceci importe à l'élucidation du sujet que je traite.

« L'*avantage* de son système, dit-il, c'est *précisément* que » dans ce système, la souveraineté nationale *s'exerce* et ne *se* » *délègue pas.* »

Que cet avantage appartienne au système proposé par M. de Girardin, c'est ce que je nie formellement, et je prouve.

Voici ce système :

Un ministère, nommé par le Peuple, fait les lois, gouverne et administre comme un monarque absolu. Seulement il est tenu de rendre chaque année ses comptes de gestion à une assemblée de représentants qui approuve ou improuve, maintient le ministère au pouvoir ou le révoque. Le Peuple nomme de droit, chaque année, ce conseil de surveillance muni de ses pleins pouvoirs.

Je ne vois pas ici une DÉLÉGATION de la souveraineté nationale. Non. Mais j'en vois deux bien comptées :

1° DÉLÉGATION de la souveraineté nationale au ministère du Peuple, qui l'exerce pleinement, sans contrôle, pendant un an ;

2° DÉLÉGATION de la souveraineté nationale au conseil de surveillance qui s'assemble tous les ans pour contrôler l'exercice du premier délégataire, l'approuver ou l'improuver.

Quant au Peuple, que fait-il ? quel est son rôle ? comment exerce-t-il sa souveraineté ? pas autrement qu'en allant deux fois aux boites électorales, en DÉLÉGUANT deux fois l'exercice de cette souveraineté, une fois à son ministère, une autre fois à son assemblée de représentants plénipotentiaires.

La mystification de la DÉLÉGATION est donc toujours, et doublement même ici, à la base du système.

Au reste, l'exemple de Louis XIV et de Colbert, très heureusement choisi par M. de Girardin, parce que c'est fort net, reproduit lui-même la démonstration sous un autre jour non moins clair.

Certainement Louis XIV, en choisissant Colbert *pour exécuter ses volontés et ses desseins*, comme le dit M. de Girardin, ne délègue pas sa souveraineté ; au contraire, il l'exerce. Mais pourquoi ? parce que Louis XIV peut *continuellement* révoquer Colbert, que Colbert est *toujours* sous sa dépendance, et qu'il *communique continuellement à Colbert ses volontés et ses desseins* pour que celui-ci les exécute.

Que si Louis XIV, après avoir nommé Colbert ministre, ne pouvait plus le révoquer à volonté et directement ; s'il était contraint de le laisser gouverner comme Colbert l'entendrait pendant un an ; s'il ne pouvait même faire contrôler Colbert qu'en nommant tous les ans 500, 600, 900 plénipotentiaires à lui plus ou moins inconnus, lesquels, une fois nommés, ne dépendraient plus du tout de lui ; si, ceux-ci révoquassent-ils Colbert, Louis XIV ne pouvait toujours que nommer un nouveau ministre dans les mêmes conditions, oh ! dans ce cas, Louis XIV pourrait bien être encore souverain de nom, mais, certes, il ne le serait plus de fait. Ce ne serait plus lui qui *exercerait* la souveraineté ; il serait obligé de la *déléguer* toujours. M. de Girardin croit-il que Louis XIV eût accepté ce genre d'*exercice* de la souveraineté ?

M. de Girardin a très bien compris que la Souveraineté du Peuple ne pouvait être moins souveraine que celle de Louis XIV. Il a parfaitement compris que le grand *avantage* d'un système politique devait *précisément* consister en *ce que la souveraineté nationale s'exerçât et ne se déléguât plus*. Après avoir posé un pareil principe, un esprit trempé, comme le sien, en décision et en logique, ne s'arrêtera pas en fausse route. Si son système, combiné en vue d'un principe, au lieu de donner vie au principe, l'étrangle, il n'abandonnera pas le principe pour sauver le système. Le système n'est qu'un moyen. L'auteur ne peut le superposer au but qu'il veut atteindre, et M. de Girardin construit trop facilement un plan pour tenir *mordicus* à une combinaison défectueuse.

Il y a, pour distinguer la souveraineté *réelle*, de ses apparences menteuses, une pierre de touche infaillible.

Dans le système de la souveraineté *réelle*, — quelle que soit la forme sous laquelle elle s'exerce, — le peuple se prononce *non seulement* sur les personnes, mais et surtout SUR LES CHOSES. C'est sa volonté qui fait la loi et décide des actes de gouvernement.

Dans tous les systèmes de souveraineté fictive, illusoire ou escamotée, le peuple ne peut prononcer QUE SUR DES PERSONNES. Lesdites personnes ABSORBENT et EXERCENT absolument, pour un temps quelconque, la souveraineté.

Qu'est-ce qu'une souveraineté que l'ON limite? Quel est cet ON qui limitera la souveraineté? Quel est, je vous prie, cet ON qui dira à la souveraineté: « Souverain, tu nommeras » des ministres, tu nommeras des représentants, tu nommeras » une gérance, des mandataires enfin sous une forme quel- » conque. Cela fait, tu voudras bien aller dormir. Tes man- » dataires, plénipotentiaires absolus, feront tes affaires com- » me ils l'entendront, exerceront la souveraineté comme il » leur plaira. Tu n'auras qu'à obéir. Seulement, aux époques » que l'on t'aura fixées, tu auras le droit (si ON te le laisse) » de nommer d'autres plénipotentiaires que ceux dont tu » croiras avoir eu à te plaindre. »

Je vous le dis en vérité, cette souveraineté-là est une souveraineté emmaillotée, pipée, escamotée, flambée. *Requiescat in pace*.

M. de Girardin ne veut plus de Constitution. Encore une vue très juste. Mais qu'il soit logique et qu'il ose conclure.

Vous ne voulez pas une Constitution et vous proposez une Constitution! Vous aurez beau essayer de simplifier, vous aurez beau réduire, il vous faut toujours une Constitution. Tant que vous n'avez pas une Souveraineté vivante, absolue et en fonction, la souveraineté absolue d'un roi, de par le droit divin, ou la souveraineté absolue de la nation, de par le droit humain, il vous faut toujours une Constitution. Votre mécanisme de gérance et de conseil de surveillance, et tous les systèmes de délégation que l'on pourra imaginer, demandent toujours une formule qui les institue, et une combinaison de garanties (toujours vaines) pour les manifestations de la souveraineté climatérique du Peuple, pour la conservation de la liberté de ses délégations ultérieures. Or, cette formule, c'est une Constitution, — cette Constitution dont vous ne voulez plus. Vous demandez le décret de cette formule à une Assemblée sortie du suffrage universel. Si cette Assemblée décrète ce que vous proposez, elle aura été une Assemblée constituante. Je vous défie, tant que vous n'avez pas ou le gouvernement d'un roi absolu, ou le gouvernement du peuple lui-même, je vous défie de n'avoir pas, sous une forme quelconque, une Constitution, c'est-à-dire un mauvais compromis entre des termes inconciliables, un pacte de garanties non garanti, bref, une chose philosophiquement absurde et destinée pratiquement à entretenir la compétition des partis, leurs outrages à la liberté, leurs usurpations sur le droit universel et partant la révolution et la guerre.

Que si, d'accord avec les vues développées imparfaitement sans doute dans ce travail, mais plus que suffisamment pour des intelligences exercées, on accepte et confesse le principe du droit démocratique dans sa réalité, dans sa simplicité, la Volonté de la nation, pleine, entière, illimitée, et en acte, à la base du système, l'équation est établie entre ces deux termes : l'Autonomie du peuple et la Constitution. Il n'y a plus qu'une Constitution vivante qui est la nation vivante et autonome.

Dès lors les systèmes en eux-mêmes, les mécanismes, les instruments, les procédés au moyen desquels fonctionnera cette autonomie, peuvent avoir leur valeur relative et leur supériorité pratique. Le meilleur, sans doute, sera le plus simple. Mais le choix entre eux n'est plus que d'une importance secondaire. Une assemblée, un directoire, une gérance, un, deux ou trois gérants, ce que vous voudrez prendre dans l'histoire ou ce qu'il vous plaira d'imaginer, toutes ces formes sont détestables si elles sont le Pouvoir, si la souveraineté s'y engouffre, si elles sont toujours les gobelets divers où s'escamote le droit national, et, par conséquent des boîtes de Pandore répandant la corruption, la tyrannie, la révolution et la guerre civile. Chacune d'elle au contraire, dès que le peuple, tout entier, conserve seul le pouvoir tout entier, et si elles ne fonctionnent que sous les ordres et dans la dépendance permanente de la volonté du peuple, chacune est admissible, la discussion et l'expérience décideront entre-elles.

Je ne terminerai pas ce paragraphe où quelques lignes remarquables de M. de Girardin m'ont servi à élucider le sujet qui nous occupe, sans ajouter un mot : c'est que je n'ai plus les défiances que beaucoup de démocrates peut-être conservent encore contre ce publiciste. J'ai eu avec lui assez de querelles et j'ai assez longtemps nourri, à son endroit, plus que de la défiance, pour que l'acte que je lui donne aujourd'hui d'une confiance sérieuse dans la sincérité de ses opinions démocratiques, soit peut-être de quelque valeur à ses yeux. Par les principes mêmes auxquels je le vois s'attacher toujours plus énergiquement, et malgré des erreurs de combinaisons que je lui dénonce a lui-même, je le tiens pour un démocrate beaucoup moins aristocrate, que nombre de démocrates qui le soupçonnent ou le combattent encore.

Mais voici ce qui est plus important que mon opinion sur le degré que la conscience de tel ou tel publiciste marque, ou ne marque pas, au thermomètre de la démocratie, c'est que le peuple, va avoir enfin un *criterium* sûr pour distinguer, PARTOUT, le démocrate réel, du démocrate aristocrate, du démocrate doctrinaire, enfin du pseudo-démocrate.

Il verra facilement quels démocrates VEULENT QU'IL SE GOUVERNE, et quels démocrates VEULENT LE GOUVERNER.

XXVI.

Ici j'ai fait une pause.

En relisant ce qui précède, j'ai éprouvé un effet singulier : quelque chose comme ce que l'on sentirait si, après s'être longtemps escrimé d'estoc et de taille, on reconnaissait que l'on s'est battu contre des adversaires imaginaires. — J'ai combattu le vide....

Je me demande, en effet, à quoi bon tant d'arguments et où sont les opposants? Qui est-ce qui nie la souveraineté de la nation? J'ai beau regarder, je ne trouve personne.

M. de Chambord ne veut pas de l'*appel au peuple*, c'est vrai ; mais il veut l'*appel du peuple*. Avant ces dernières affaires ses partisans nous avaient déjà dit qu'il tenait pour devise : « Tout pour la France et *par la France*. »

Sans doute la démocratie se passerait de l'assentiment de M. de Chambord. Cependant je constate avec joie que l'incarnation vivante de la légitimité morte, ne se montre déjà pas aussi éloignée qu'on le pourrait présumer, d'un hommage au principe du droit moderne du peuple. « L'Etat, c'est moi, » disait Louis XIV. Au langage du petit-fils on voit bien que nous avons fait des progrès.

Mais soit! les légitimistes auront, je veux l'admettre, des objections à la souveraineté effective du Peuple. Qu'importe! ce ne sont plus des adversaires. Laissons dormir les morts.

De ceux là je passe aux orléanistes. Oh! ici nous naviguons en pleine eau du siècle. On n'entend point, ici, courber la tête devant le fétiche de la légitimité. On est de son temps. On date de la révolution, de 89. On a reçu le baptême des droits de l'homme et du citoyen. Toutes nos notabilités, ici, à peu d'exceptions près, ont juré dans les ventes du carbonarisme, et sur de vrais poignards, d'édifier la Souveraineté du Peuple avec les débris des trônes. Il est vrai qu'on s'est fait un roi en 1830, sans même songer à demander l'avis du Peuple. Mais on l'a choisi *quoique* Bourbon et non *parce que*: demandez à M. Dupin. Enfin on entend bien, ici, que la nation ne relève que d'elle-même.

D'ailleurs, écoutons leurs orateurs, ouvrons leurs écrits, lisons leurs journaux. Qu'y invoque-t-on à chaque phrase, à chaque mot? — Le pays! la volonté du pays, de ce grand pays, de ce pays sage, éclairé, intelligent, ami de l'ordre et de la paix, qui déteste les factieux, les factions, qui sera toujours plus fort qu'elles, qui a pu, un moment, se laisser surprendre, mais qui saura bien toujours, par ses lumières, par sa force, par la pression toute puissante de son droit, de ses intérêts et de sa volonté, écraser, anéantir les mauvaises passions.

Tout ce que l'on pense, tout ce que l'on fait, tout ce que l'on veut, de ce côté ci, c'est toujours d'accord avec la pensée et la volonté du grand pays. On ne travaille que pour la faire prévaloir, on la sert, voilà tout; et c'est avec elle et par elle, en dernière analyse, que l'on justifie et que l'on légitime tout ce que l'on a besoin de légitimer et de justifier.

Quand on est si bien d'accord avec la pensée, les intérêts, les lumières, la sagesse et la volonté d'un grand pays; quand on est le parti même de ce grand pays; quand on en tient d'ailleurs la volonté pour la loi suprême; quand on n'a pour adversaires que des minorités, des factions, des factieux; quand on ne fonde l'espoir de les vaincre que sur la sagesse et l'énergie même de ce grand pays, quelle objection aurait-on à laisser cette sagesse et cette volonté se manifester librement, sans intermédiaires, sans agents parasites, capables bien souvent de les fausser, et définitivement faire elles-mêmes, directement, sans aucune espèce de délégation, leurs affaires?

Certes, l'exercice de la souveraineté par le grand pays, sage, éclairé, dont la volonté est la seule source légitime du droit national, ne saurait rencontrer ici des adversaires. Le *Journal des Débats* va acclamer la législation directe.

Je me retourne du côté des Bonapartistes (il parait avéré qu'il y a des bonapartistes). De ce côté encore, je ne trouve pas d'adversaires, loin de là.

D'abord, si nous écoutons les organes les plus accrédités, nous les entendons foudroyer le vieux principe légitimiste. Les légitimistes ne sont, pour les bonapartistes, que des factieux. Pourquoi? Parce qu'ils voudraient superposer le droit féodal de leur famille royale, au droit de la souveraineté nationale. Ce sont des hommes d'un autre âge. Ils n'ont rien oublié et rien appris. L'école bonapartiste entend dater de la Révolution et avoir ses racines dans le droit moderne. N'est-ce pas ce que l'on nous répète sur tous les tons?

Mais ne nous arrêtons pas aux menus témoignages : nous pouvons interroger le chef d'Ecole.

L'œil sur le monde, en face de l'histoire, à Sainte-Hélène, Napoléon a formulé sa doctrine. Nous avons son Mémorial. Le Mémorial, quant à la doctrine, s'est résumé en deux mots. Chacun connait la fameuse prophétie de l'Empereur : « Dans cinquante ans l'Europe sera républicaine.... ou Co- » saque. »

Républicaine, c'est le triomphe du droit, le cours du siècle, la marche de l'histoire moderne. C'est la lumière, l'idée. *Cosaque*, c'est l'ombre, c'est le repoussoir. Ce serait, en effet, la chute en barbarie. — Voilà la doctrine du chef de l'Ecole.

La Souveraineté du Peuple, du Peuple européen, du Peuple universel, tel est donc le principe de l'*Idée napoléonienne*, comme on a dit, et par conséquent des bonapartistes, — à moins que ceux-ci ne renient le maître. Ils s'en gardent bien, et leur lutte de tous les jours contre les *factieux* légitimistes, montrent qu'ils restent fidèles.

Les légitimistes sont en révolte latente contre le droit moderne, contre le Souverain, contre le Peuple. Si leur révolte latente devenait flagrante, M. Louis Bonaparte, élu du 10 décembre, nous a dit plus d'une fois, en des discours publics, que *son gouvernement*, fort de la volonté du Peuple, etc., saurait les mettre à la raison.

Sur quoi d'ailleurs, M. Louis Bonaparte appuyait-il ses prétentions à Strasbourg et à Boulogne? D'un gouvernement d'usurpation, il en appelait au Peuple. Du pays légal, il en appelait au pays vivant et total. Il revendiquait les quatre millions de suffrages donnés par le Peuple à son oncle et déclarait d'avance se soumettre à ce que voudrait à nouveau le Peuple.

A Boulogne et à Strasbourg, M. Louis Bonaparte tentait donc la délivrance de la Souveraineté du Peuple enchaînée par Louis-Philippe ; pas autre chose ! C'était une de ces aventures renouvelées des paladins de l'Arioste : un chevalier, monté ou non sur quelque hippogriffe, vient livrer combat au geôlier de la princesse captive. L'insuccès ne change rien à l'intention, ne fait rien à l'affaire. M. Louis Bonaparte est bien des nôtres.

Mais, me dira-t-on, nous ne sommes plus ni à Strasbourg ni à Boulogne, ni même à Ham. Nous sommes à l'Elysée. — Très bien! il n'y a rien de changé. — J'ouvre le dernier et tout récent message de M. Louis-Napoléon, président de la République française; je passe plusieurs feuillets *pour en trouver la fin*, c'est ce que je cherche. Je lis :

« Les conseils généraux ont en grand nombre émis le vœu de la révision de la Constitution. Ce vœu ne s'adresse qu'au pouvoir législatif. Quant à moi, élu du Peuple, ne relevant que de lui, je me conformerai toujours à ses volontés légalement exprimées.

» L'incertitude de l'avenir fait naître, je le sais, bien des appréhensions en reveillant bien des espérances. Sachons tous faire à la patrie le sacrifice de ces espérances, et ne nous occupons que de ses intérêts. Si, dans cette session, vous votez la révision de la Constitution, une constituante viendra refaire nos lois fondamentales et régler le sort du pouvoir exécutif. Si vous ne la votez pas, le peuple, en 1852, manifestera solennellement l'expression de sa volonté nouvelle. Mais, quelles que puissent être les solutions de l'avenir, entendons-nous, afin que ce ne soit jamais la passion, la surprise ou la violence qui décident du sort d'une grande nation; inspirons au peuple l'amour du repos, en mettant le calme dans nos délibérations, inspirons-lui la religion du droit, en ne nous en écartant jamais nous-mêmes ; et alors, croyez-le, le progrès des mœurs politiques compensera le danger d'institutions créées dans des jours de défiances et d'incertitudes.

» Ce qui me préoccupe surtout, soyez-en persuadés, ce n'est pas de savoir qui gouvernera la France en 1852, c'est d'employer le temps dont je dispose; de manière à ce que la transition, quelle qu'elle soit, se fasse sans agitation et sans trouble.

» Le but le plus noble et le plus digne d'une âme élevée n'est point de rechercher, quand on est au pouvoir, par quels expédiens on s'y perpétuera, mais de veiller sans cesse aux moyens de consolider, à l'avantage de tous, les principes d'autorité et de morale, qui défient les passions des hommes et l'instabilité des lois.

» Je vous ai loyalement ouvert mon cœur : vous répondrez à ma franchise par votre confiance, à mes bonnes intentions par votre concours, et Dieu fera le reste.

» Recevez, messieurs, l'assurance de ma haute estime.

» LOUIS-NAPOLÉON BONAPARTE.

» Elysée-National, le 12 novembre 1850. »

Voilà qui est net. C'est carré. La signature y est et la date. *La volonté du Peuple est la loi :* la loi suprême, la seule légitime. Impossible de le mieux dire. M. Louis-Napoléon Bonaparte, président de la République française est donc bien des nôtres.

Ce n'est pas tout. Nous n'avons pas seulement pour nous l'exécutif; nous avons encore le législatif. L'Assemblée nationale a battu des mains à cette fin du message. Elle s'est montrée transportée ! La majorité, acclamant à ces paroles, a donc acclamé au principe de la souveraineté du Peuple. (Singulier temps que celui où l'on est heureux de se prouver qu'un président de la République et une Assemblée, nommés au suffrage universel et tirant uniquement du Peuple le pouvoir qu'ils exercent, veulent bien reconnaître que le Peuple est la source du pouvoir !)

Au reste, l'Assemblée législative a donné une autre preuve non seulement qu'elle reconnait, mais encore qu'elle chérit la souveraineté du Peuple. Sa loi du 31 mai, demandez-le lui, n'a eu qu'un but, celui de *purifier* l'expression de cette souveraineté. Témoignage d'une tendresse incontestable !

La souveraineté du Peuple est confessée à demi par les légitimistes, pleinement par les orléanistes, par les bonapartistes, par le président de la République et par l'Assemblée législative. Quant à la démocratie, lui demander si elle tient pour le gouvernement du Peuple par lui-même, ce serait demander au soleil s'il est partisan de sa lumière. On ne fait pas de ces questions-là.

Si, d'un consentement unanime, le Peuple est souverain, il est naturel et légitime qu'il exerce sa souveraineté.

Si le Souverain ne veut plus DÉLÉGUER, mais EXERCER, qui lui en contestera le droit?

Au fond, la thèse que je produis n'a donc pas d'adversaires sérieux. Je me suis battu dans le vide. Tous les partis sont avec nous.

» Les partis, m'entends-je dire, oui. Ils n'ont rien à ob-
» jecter à la souveraineté nationale. Tous la proclament. Tous
» prétendent s'appuyer sur la volonté nationale. Aucun d'eux
» n'oserait dire : Nous voulons que la nation soit gouvernée
» par quelque chose d'autre que la volonté nationale, par
» quelque chose d'opposé à la volonté du pays? Non, au-
» cun. »

» Cependant, les chefs des partis, leurs hommes d'Etat, leurs
» burgraves ne seront pas pour votre théorie. On vous cite-
» rait facilement cinquante noms : M. Thiers, M.... »

Je réponds : « C'est vrai, et j'en suis convaincu d'avance.
» Mais l'opposition de ceux-ci est sans valeur, et nous ne nous
» y arrêterons pas. Les hommes d'Etat, en effet, sont tout
» simplement des hommes qui ont un état : ils se sont choisi
» pour état de gouverner les autres. Serait-il raisonnable
» d'exiger qu'ils se montrassent favorables à une mesure qui,
» comme disent les conducteurs de messageries, les *met à*
» *pied?* Non. Et, pour emprunter encore le même langage,
» j'ajoute que leur jugement, en cette occasion, n'est que la
» manière de voir *de la concurrence*. Il n'y pas à y prendre
» garde. »

XXVII.

De quelques communications qui m'ont été faites depuis la publication de la première partie de ce travail dans la *Démocratie pacifique*, il résulte que l'idée de l'exercice direct de la souveraineté du peuple, ou tout simplement de la réalisation de cette souveraineté, reste sans réplique. Le leurre de la DÉLÉGATION sous toutes les formes est percé à jour et demeure incontesté. La nécessité de l'expression formelle de la volonté nationale pour créer la légalité de la loi et des actes du gouvernement, n'est pas mise en question. On sent que la vérité est là, que là est la solution. Mais quelques personnes demandent *que je formule les moyens d'exécution.*

J'ai remarqué que quand une difficulté se résout par un moyen extrêmement simple, l'intelligence de la solution en devient fréquemment, au premier abord, d'autant plus difficile. J'ai souvent éprouvé cela moi-même quand je commençais l'étude des mathématiques. Au lieu de prendre dans mon livre le sens simple et naturel de la démonstration, persuadé que la question devait couvrir de grosses difficultés, je me cassais souvent la tête pour les trouver. Je cherchais, comme on dit, midi à quatorze heures. Le plus souvent, il n'y avait de difficultés réelles que celles que je me créais à moi-même. A qui ceci n'est-il pas arrivé?

Je m'attendais, en cette occasion, à ce phénomène, et je me bornerai à dire à ceux qui me demandent de formuler les *moyens de la souveraineté directe*, que la chose est déjà faite. Il n'y a qu'à la prendre tout bonnement sans la compliquer de difficultés qui n'y sont pas.

L'expérience du suffrage universel a prouvé que nos populations pouvaient très facilement voter par toute la France, même au scrutin de liste. C'est bien plus difficile que ce que ce que nous avons exposé.

Voyons. Comprenez-vous que, dans votre commune, la population majeure peut s'assembler à la maison de ville, au local de l'école primaire, n'importe où? — Oui.

Que si la population de votre commune est trop considérable, elle peut se fractionner autant que l'on voudra pour former autant de sections que l'on voudra? — Oui.

Que chaque section se composera facilement, à l'élection, un bureau, en nommant un président, deux secrétaires et quatre scrutateurs? — Très bien.

Si vous comprenez cela, vous comprenez tout. Ce que l'on peut faire dans votre localité, on le peut faire dans toutes les autres. Vous savez voter au scrutin de liste. A plus forte raison, saurez-vous mettre une boule blanche dans une urne si vous acceptez la proposition à l'ordre du jour, une noire si vous la repoussez.

Devant vous, dans votre section, le vote est dépouillé et proclamé.

Expédié au chef-lieu de l'arrondissement ou du département, le résultat du vote de votre section y est proclamé de nouveau, et totalisé avec ceux des autres sections de la circonscription. Cette proclamation et le total reproduits par les journaux de la localité, sont le contrôle public de la fidélité des additions. C'est le même mécanisme que celui de nos votes électoraux.

Les résultats départementaux, centralisés de la même manière à Paris, y sont publiés par le *Moniteur*. Le vote de la nation est connu.

Tout, en dernière analyse, se réduit donc à savoir si trois

cents, quatre cents, cinq cents personnes peuvent se réunir en section dans leur localité, dire *oui* quand elles veulent *oui*, *non* quand elles veulent *non*, et compter les *oui* et les *non*. Tout est là. Cela résout toutes les questions, toutes les difficultés.

— Mais, me dit-on, dès le début nous trouvons de l'embarras. Vous en faites bien à votre aise. Les sections s'assembleront-elles à la commune ou au canton? quels seront le chiffre *minimum* et le chiffre *maximum* de leur composition? — quels.....

— Je vous arrête. Ces questions ne vous embarrassent, précisément comme je le disais, que parce que la solution est trop facile. Vous avez le moyen, appliquez-le.

Les sections s'assemblent provisoirement, soit à la commune, soit au canton, peu importe. Elle seront provisoirement de trois cents, de quatre cents, de cinq cents, de mille votants, peu importe encore.

Une fois assemblé d'une manière quelconque, le Peuple aura vite changé le mode de ses réunions, si le mode provisoire ne lui convient pas. Son vote fixera promptement les points fondamentaux du *réglement de l'Assemblée nationale universelle*. Ces points seront déterminés par les convenances et la volonté des populations. Quelle difficulté y a-t-il là-dedans?

Eh bien! appliquez le même procédé à toutes les autres *difficultés* que vous pouvez vous faire. Vous en sortirez de la même manière.

Je n'ai donc qu'un mot à dire sur cette question des moyens, et, ce mot dit, je n'y reviendrai plus: c'est, à savoir, que:

Si trois ou quatre cent personnes réunies dans une section locale peuvent exprimer leur volonté par un vote sur un objet quelconque, le Peuple français tout entier le peut sans plus de difficulté.

XXVIII.

C'est chose acquise à la science, qu'en philosophie on ne critique sérieusement un système qu'en le remplaçant, en produisant un autre système.

Si cela est vrai dans l'ordre des idées spéculatives, cela est archi-vrai dans l'ordre pratique, dans l'ordre des choses historiques et politiques.

J'ai dit que je répondrai aux objections que l'on pourra faire à la Souveraineté effective du Peuple. Je répondrai, et d'autres que moi répondront; je ne monopolise point la thèse.

Mais je veux faire observer que de la part des partisans de la thèse, répondre à des objections est concession purement bénévole.

Nous sommes en droit, en effet, de ne pas répondre à des objections. Nous sommes en droit de dire à nos adversaires :

Vous ne voulez pas de l'exercice de la Souveraineté du Peuple par le Peuple. Alors, que voulez-vous? produisez votre système. Voilà ce que nous offrons. Qu'offrez-vous?

Et que les adversaires se le tiennent pour dit : Oui, nous répondrons à leurs objections. Nous ne demandons pas mieux, nous, que d'élucider notre principe, de l'éclairer sous tous ses jours, de le creuser sous toutes ses faces. Notre thèse, à nous, n'est pas « un mystère que nous craignions d'approfondir. » Que l'on prenne donc la pince et la pioche; que l'on attaque notre citadelle à la sape ou à la mine; que l'on tente la brèche et l'assaut, nous ne demandons pas mieux. Nous encourageons les assaillants et leur garantissons réponse. C'est courtois.

Mais qu'ils sachent ceci : c'est que quand nous les aurons reçus chez nous, nous irons chez eux. Il faudra bien qu'eux aussi, ils nous fassent voir où ils campent.

Or, ceux qui ne campent pas dans la Souveraineté du Peuple (au moins nominalement), campent dans un mystère qu'ils recommandent à leurs propres partisans de ne pas tenter d'approfondir... Voilà, on en conviendra, des gens qui ne croient pas leurs remparts bien solides;

Et ceux qui confessent le dogme de la Souveraineté nationale, mais qui refuseraient à la nation le droit de le pratiquer, campent nécessairement dans quelque chose. Ce quelque chose, il faudra bien qu'on nous le fasse connaître.

Et ce quelque chose, que nous demanderons à connaître, ce sera nécessairement une forme quelconque de délégation ou de dictature, c'est-à-dire d'usurpation. Nous verrons bien alors...

Mais voilà, Dieu me pardonne! que, sans y prendre garde, après avoir reconnu moi-même que la Souveraineté du Peuple n'a plus, au temps où nous vivons, d'adversaires sérieux, je vais faire du capitaine Fracasse en pure perte! Je parle de leurs citadelles, bon Dieu! ils n'ont pas même de drapeau qu'ils osent lever. Les légitimistes appellent le leur un mystère; les orléanistes ferment par un vote, au leur, les portes de la France que la démocratie ne trouve nul inconvénient à laisser ouvertes. Et le représentant naturel de l'empire vient de remettre prudemment, nous l'en avons loué, l'empire dans le fond de sa poche.

Quant aux notabilités démocratiques et socialistes, s'en trouverait-il qui voulussent donner quelque apparence de raison à cette calomnie qu'un des petits secrétaires de la réaction mettait ces jours-ci en épigraphe à une brochure : *Le Socialisme n'est que l'hypocrisie de l'ambition ; — gouverner pour jouir des bénéfices du pouvoir, tel est le but secret de tous les révolutionnaires qui prêchent sur les toits une égalité qu'ils détestent.*

Tel est, en effet, le résumé de la seule thèse au moyen de laquelle, depuis soixante ans, les monopoleurs des *bénéfices du gouvernement*, ont pu avec quelque succès travailler à la démolition des notabilités démocratiques.

Cette arme, hélas ! il va bien falloir encore la mettre au rebut, quand ceux contre qui on la tourne auront proclamé LE GOUVERNEMENT DIRECT DU PEUPLE UNIVERSEL.

XXIX.

Et après tout, qu'importent les objections, et les partis, et les personnes ?

Les fleuves coulent, la mer monte, la terre tourne. Qui les arrêtera ?

Or, il y a une chose qu'il faut savoir : c'est que, si irrésistible est la marche des forces cosmogoniques, non moins irrésistible est celle de l'histoire.

L'humanité est plus qu'un fleuve, plus qu'une mer, plus qu'une terre. Elle est Dieu qui se développe.

L'humanité marche visiblement, depuis trois siècles, à la démocratie, c'est-à-dire à sa liberté politique, à son autonomie, à la pleine possession de soi-même.

La Théocratie a voulu faire obstacle, elle a été brisée. C'était la plus formidable puissance du vieux monde. Son cadavre se voit au Vatican. Le Vatican est une tombe. Qui niera cela ? Qu'on nous montre aujourd'hui l'apparence, je dis l'apparence d'une *force propre*, à cette papauté qui a dominé le monde ?

L'Absolutisme royal a voulu se cabrer contre la destinée. Il était la synthèse physique du droit féodal et barbare, le sabre couronné. Il y a un demi-siècle que l'on disait : « Les rois s'en vont. » Aujourd'hui ce n'est plus le mot, car les rois s'en sont allés. Il n'y a plus, en effet, qu'un vrai roi en Europe. Et pourquoi y a-t-il encore un vrai roi en Europe ? — Réponse : Parce qu'il y a encore au nord de l'Europe des populations à l'état barbare : c'est tout simple. Mais patience ;

aujourd'hui les morts vont vite, et les vivants vont encore plus vite que les morts.

Ainsi la Théocratie et l'Absolutisme s'en sont allés de là où sont entrés la science, l'industrie, la civilisation, l'esprit moderne. Rien qu'en s'apparaissant à elle-même et en s'affirmant comme principe, il n'y a pas plus de soixante années, la Souveraineté du Peuple a réduit en morceaux ces grandes puissances du vieux monde.

L'ancienne formation sociale, cette gigantesque formation granitique de la féodalité et du moyen-âge est donc détruite. Qu'en reste-t-il? plus rien que des débris.....

En dehors de la démocratie, je ne vois dans toute l'Europe civilisée qu'un précipité de résidus, résidus de noblesse, résidus d'aristocratie bourgeoise et financière, résidus de domination cléricale et de jésuitisme; tous ces résidus s'efforçant de s'agglutiner et de former *magma*, sous le nom de grand parti de l'ordre, pour t'arrêter, pour arrêter ta marche, ô Liberté, ô Souveraineté du Peuple, Autonomie de l'humanité!

Tu as soulevé et broyé les grandes chaînes granitiques, ô Liberté! et ces limons espéreraient t'embourber...

Bref, nous disions que le vieux principe d'autorité est mort en Europe. Il n'y a de vivant que ce qui est dans les âmes; il ne ressuscitera donc pas.

Cependant le principe vivant, le principe de liberté qui l'a tué et qui doit lui succéder, n'a pu parvenir encore à se dégager, à se donner un corps adéquate. En possession des âmes, il ne s'est pas encore incarné dans la société, organisé.

Nous avons vu pourquoi.

A l'état de sentiment, d'aspiration, le principe moderne possède une force expansive capable de faire éclater dix fois le monde qu'avait fait le principe ancien. Mais le sentiment, l'aspiration ne suffit pas à l'organisation du monde nouveau. Pour l'*organisation*, il faut la *science*.

Connais-toi toi-même: tel est l'axiome de la sagesse antique.

Jusqu'ici la Démocratie s'était *sentie*; elle ne s'était pas encore *connue*.

Faute de se connaître, elle n'a pas su se faire un organisme propre, conforme à elle-même. Faute d'un organisme propre, elle s'est tourmentée à rentrer dans les moules du passé. Et comme ces moules ne lui vont pas, elle ne s'y coule que pour les faire bientôt éclater.

La Démocratie n'a pas été *vaincue*. Ce serait une erreur de le croire: son ennemi est mort. Mais elle s'est trompée, égarée et divisée elle-même en des efforts impuissants.

Ainsi les formes monarchiques et aristocratiques modernes — les divers constitutionnalismes et gouvernements de délégation, — ne sont nullement l'œuvre d'une force qui resterait au principe monarchique et aristocratique. Ce principe n'eût point produit cela. Vivant et puissant, il eût reproduit ses propres formes, ses formes à lui; car, lui, il connaît ses formes. Ces gouvernements ne sont donc que les égarements de la Démocratie, pas autre chose.

La Souveraineté du Peuple n'est plus contestée aujourd'hui: on ne l'oserait pas même contester dans une assemblée royaliste où l'on ricane cependant de la République. Mais cette souveraineté victorieuse, incontestée, faute d'y voir assez clair encore, est toujours allée se fourrer elle-même dans la prison de la DÉLÉGATION.

La Souveraineté du Peuple, incontestée, n'est pas réalisée parce qu'elle s'est *déléguée*.

Elle s'est déléguée, parce qu'elle ne croyait point, par préjugé, pouvoir agir autrement. Elle ne savait pas.

Elle sait maintenant, ou elle va savoir.

Elle va comprendre qu'*en se déléguant* elle s'abandonne, abdique, se met en prison,

Elle va comprendre qu'*en se déléguant*, c'est elle-même qui refait de la monarchie, de l'aristocratie.

Le Peuple va savoir que sa Souveraineté, *s'il ne l'exerce pas*, n'est qu'une déplorable plaisanterie.

Enfin, le Peuple va savoir qu'il doit et qu'il peut exercer sa Souveraineté, qu'il doit et qu'il peut se gouverner lui-même, directement, sans charger personne d'être souverain pour lui.

Qu'est-ce qui empêchera le Peuple de savoir cela? Les idées vraies, claires, simples, sont des oiseaux qu'on ne peut plus remettre en cage quand ils s'en sont envolés. On ne peut ni les rattraper, ni les empêcher de chanter. Et quand leur chant est bon pour le Peuple et agréable à ses oreilles, le Peuple, qui est devenu très mélomane, l'écoute et l'a bientôt appris.

Je dis donc que le Peuple saura bientôt; que quand il saura, il voudra; et que quand il voudra, dam! il fera sa volonté. Qui l'en empêcherait quand il exprimera sa volonté légalement, comme dit M. le président dans son Message?

XXX.

L'idée de l'application actuelle du gouvernement direct vient d'Allemagne. Je le confesse en toute humilité; bien que le gouvernement par le vote de tous soit la forme même du gouvernement dans le système sociétaire, je n'avais jamais eu l'esprit de spéculer un moment sur l'application *actuelle* de ce mode de faire. C'est assurément fort sot, à nous autres phalanstériens, de n'avoir pas compris plus tôt que l'esprit moderne, qui s'est entêté depuis un siècle à la solution du problème politique, du problème du pouvoir, ne s'arrêterait pas dans cette voie avant d'être au bout. Depuis la Révolution de Février, cette inadvertance est impardonnable. J'irai plus loin dans mes aveux : Quand Rittinghausen m'a parlé de la *législation directe* et immédiate, aveuglé encore par le préjugé commun, persuadé que ce dernier terme ne pouvait être atteint que dans un monde réorganisé et régénéré par l'Association, je la repoussai quelque temps. Cependant, j'admis tout de suite qu'une pareille idée devait être prise en considération, publiée et discutée. Je lui offris la publicité dont disposaient mes amis de la *Démocratie pacifique*. La suspension judiciaire de notre journal retarda de trois mois la publication ; mais déjà la réflexion m'avait convaincu comme elle convaincra facilement tous les démocrates sincères.

Discutée seulement jusqu'ici dans un club de Cologne, voilà donc l'idée du gouvernement direct du Peuple livrée à la discussion de la démocratie de l'ancien et du nouveau continent. Le Peuple universel est saisi. Le résultat n'est pas douteux. Si les chefs hésitaient, comme j'ai quelque temps hésité moi-même, l'idée est assez élucidée aujourd'hui pour que le Peuple, lui, n'hésite pas. Je connais le Peuple français, la nature et la promptitude de son génie, et je réponds de lui. Dans une question de cet ordre, d'ailleurs, qu'importeraient les hésitations parmi quelques notabilités de la démocratie, s'il s'en manifestait ? Quelques-uns combattraient-ils le gouvernement du Peuple par lui-même ? Ce serait très curieux. Essaieraient-ils de se taire ? Ma foi, je crois que ce serait tant pis pour eux.

J'ouvre le dictionnaire de l'Académie au mot démocratie, et je lis :

DÉMOCRATIE, *gouvernement où le peuple exerce la souveraineté.*

En conséquence,

Au nom de la DÉMOCRATIE,

Au nom du sens vivant de ce mot qui est notre principe même, le principe du droit moderne, le principe dans lequel communient tous les démocrates ;

Le Peuple français, sans doute, étant chargé historiquement

d'inaugurer le premier la pratique du gouvernement du Peuple par le Peuple ;

Devant tous les journaux, devant tous les organes, devant tous les verbes de la démocratie, et devant le Peuple français, je fais la proposition du GOUVERNEMENT DIRECT DU PEUPLE, par lui-même et sans délégation.

Je demande la discussion de cette proposition.

XXXI.

Je ferai remarquer qu'à côté de cette question suprême et *pressante*, tout ce qui se discute aujourd'hui est de minime importance.

Laissons un moment les légitimistes, les impérialistes, les orléanistes et tous nos monarchistes jouer leurs petites intrigues. Ils sont bons les uns pour les autres et se donnent entre eux de la besogne. Pendant qu'ils sont à leurs parades, occupons-nous de nos affaires. Le Peuple est là. Voilà soixante ans qu'il verse son sang pour avoir son droit. Il ne l'a pas. Il obéit et souffre depuis des siècles. Et cependant c'est le Souverain. Il faut en finir. Mettons-nous d'accord.

Le gouvernement du Peuple par le Peuple, voilà toute la démocratie. Nous avons été joués par la DÉLÉGATION.

PLUS DE DÉLÉGATION !

EXERCICE DIRECT DE LA SOUVERAINETÉ DU PEUPLE PAR LE PEUPLE !

Encore une fois, ceci est clair et nous éclaire ; ceci est fort et nous rallie : c'est notre principe ; on n'arrêtera pas cela. Seulement, dépêchons-nous. Il n'y a plus besoin d'insurrections. Laissons les mouchards organiser, pour s'entretenir la main, des sociétés secrètes et des complots. En trois mois, si on le veut bien, l'idée du gouvernement du Peuple par lui-même aura fait son chemin. — Si *l'on ne voulait pas...* il n'y faudrait qu'un peu plus de temps, voilà tout. Le Peuple est saisi. Les ouvriers et les paysans causent politique aujourd'hui. Cela suffirait.

Quand le peuple ne voudra plus que, sous prétexte de faire sa volonté, on lui supprime ses libertés les plus chères ; qu'on lui inflige des lois qu'il ne voterait pas, au contraire ; qu'on l'engage dans des guerres fratricides contre des peuples qu'il aime ; qu'on le charge d'impôts qu'il déteste ; enfin, qu'on exerce sa souveraineté sans lui, malgré lui et contre lui, — sortes de malentendus que sont exposés à commettre à chaque instant ses mandataires, — alors il portera très légalement à la connaissance de ses délégués que son désir est de faire lui-même ses affaires; il remerciera ses représentants des peines qu'ils se sont données pour lui: et ceux-ci, en honnêtes et fidèles dépositaires qu'ils sont, rendront à leur Souverain des pouvoirs dont le poids était très lourd, enchantés de s'en voir si heureusement déchargés.

Ce dénouement favorable peut se faire avant 1852 et du plein gré des parties; je ne m'y oppose pas. Mais on pourrait, d'ores et déjà, si l'on voulait, fixer 1852 pour terme de rigueur.

FIN.

Paris. — Imprimerie Lange Lévy et Comp., 16, rue du Croissant.

Extrait du Catalogue

DE LA LA LIBRAIRIE PHALANSTÉRIENNE,

Rue de Beaune, 2, et quai Voltaire, 25.

OUVRAGES DE FOURIER :

THÉORIE DE L'UNITÉ UNIVERSELLE. C'est l'ouvrage capital de Fouier. (2e édition, 4 forts volumes in-8°, contenant le *Plan du Traité de l'Attraction*. et quatre vignettes. (Tomes II, III, IV et V des œuvres complètes), 18 fr. — Chaque volume séparément, 4 fr. 50.

LE NOUVEAU MONDE INDUSTRIEL ET SOCIÉTAIRE. Abrégé du précédent, (mais néanmoins difficile à lire sans préparation.) 3e édition, 1 fort vol. in-8°. (Tome IV des œuvres complètes.) 5 fr.

THÉORIE DES 4 MOUVEMENTS. (Ne peut être lu avec fruit que comme complément d'études, après une connaissance avancée de la Théorie.) 3e édit., 1 fort vol. in 8°. (Tome I des œuvres complètes.) 6 fr.

Les 6 volumes précédents ensemble 28 francs.

L'HARMONIE UNIVERSELLE ET LE PHALANSTÈRE, exposés par Charles FOURIER, recueil méthodique de morceaux choisis de l'auteur.—Prix : 6 fr. 2 vol. format Charpentier, 3 fr. le vol.

DE L'ANARCHIE INDUSTRIELLE ET SCIENTIFIQUE. — Brochure in-12 de 72 pages.—Prix : 75 c.; par la poste, 1 fr.

LIVRET D'ANNONCE du NOUVEAU MONDE INDUSTRIEL. Broch. de 88 pages in-8°.—Prix : 1 fr.; par la poste, 1 fr. 40 c.

ÉGAREMENT DE LA RAISON démontré par les ridicules des sciences incertaines, et *fragments*.—Brochure de 128 pages grand in-8°.—Prix : 2 fr. 50 c.; par la poste, 2 fr. 80 c.

ANALYSE DU MÉCANISME DE L'AGIOTAGE et de la méthode mixte en étude de l'attraction.—Brochure de 128 pages grand in-8°.—Prix : 2 fr.; par la poste, 2 fr. 30 c.

SUR L'ESPRIT IRRÉLIGIEUX DES MODERNES ET DERNIÈRES ANALOGIES, par Charles FOURIER. (Extrait de la *Phalange.*) Prix : 1 fr.; par la poste, 1 f. 10.

CITÉS OUVRIÈRES. DES MODIFICATIONS A INTRODUIRE DANS L'ARCHITECTURE DES VILLES.—Brochure de 40 pages grand in-8.—Prix : 30 c.; par la poste, 40 c.

OUVRAGES DES PRINCIPAUX DISCIPLES DE FOURIER :

DESTINÉE SOCIALE, Exposition élémentaire complète de la THÉORIE D'ORGANISATION SOCIALE DE FOURIER, par Victor CONSIDERANT. — Prix : 3 fr.—3e édition, 2 volumes format Charpentier.—Chaque vol., 2 fr. 50 c.

LE SOCIALISME DEVANT LE VIEUX MONDE, par V. Considerant. 1 vol. in-8. Prix : 2 fr.; par la poste, 2 fr. 50.

PRINCIPES DU SOCIALISME, Manifeste de la Démocratie au XIXe siècle, par Victor Considerant. In 18. Prix : 50 c.; par la poste, 75 c.

MANIFESTE DE **L'ECOLE SOCIETAIRE** fondée par FOURIER, ou BASES DE LA POLITIQUE POSITIVE. Paris, 1842, (écrit par M. CONSIDERANT, et adopté par le Conseil de l'Ecole). Nouvelle édition, revue et considérablement augmentée, 1847. Un beau vol. in-18. Prix : 1 fr.; par la poste, 1 fr. 35 c.

EXPOSITION abrégée du système phalanstérien, suivi des études sur quelques problèmes fondamentaux de la destinée sociale, par Victor Considerant, grand in-32. Prix : 50 c.; par la poste, 75 c.
— *Le même ouvrage* sans les études. Prix : 25 c.; par la poste, 35 c.

DU SENS VRAI DE LA RÉDEMPTION, par VICTOR CONSIDERANT, *morceau détaché de la troisième édition de* DESTINÉE SOCIALE.—Prix : 1 fr.

PETIT COURS de politique et d'économie sociale à l'usage des ignorants et des savants, par Victor Considerant. In-18. Prix : 40 c.; par la poste, 50 c.

DÉBACLE de la politique en France, par V. Considerant. In-18. Prix : 1 fr.; par la poste, 1 fr. 25 c.

PAROLE DE PROVIDENCE par Mme CLARISSE VIGOUREUX, 2e éd. Prix : 1 f.; par la poste, 1 fr. 25 c.

LE FOU DU PALAIS-ROYAL, par F. CANTAGREL. Dialogues sur la théorie de Fourier. 2e édition. 1 fort vol. grand in-18, format Charpentier. Prix : 3 fr.; par la poste, 4 fr.

SOLIDARITÉ, vue synthétique sur la doctrine de FOURIER, par HIPP. RENAUD, ancien élève de l'Ecole polytechnique.—1 vol. in-18. Prix : 1 fr. 25 c.; par la poste, 1 fr. 50 c.

VISITE AU PHALANSTÈRE, par Mathieu Briancourt. In-32. Prix : 1 fr. 50 c.; par la poste, 1 fr. 80 c.

L'ORGANISATION DU TRAVAIL ET L'ASSOCIATION, par Mathieu BRIANCOURT, ouvrier teinturier.—2e édition. Un vol. in-32. Prix : 60 c.; par la poste, 80 c.

FOURIER, SA VIE ET SA THÉORIE, par Charles PELLARIN. — Troisième édition entièrement revue par l'auteur, et contenant, entres autres documents inédits, une lettre de M. ENFANTIN à FOURIER, et une lettre de Béranger sur Fourier et sa Théorie.—1 gros volume in-18.—Prix : 3 fr.; et par la poste 4 fr.

THÉORIE DE CHARLES FOURIER, *Exposition faite à Besançon en mars*, par Victor HENNEQUIN.—Prix : 1 fr. 25 c.

LE SOCIALISME DE L'ÉTAT, par F. GUILLON. . . . . . . 10 c.

www.ingramcontent.com/pod-product-compliance
Ingram Content Group UK Ltd.
Pitfield, Milton Keynes, MK11 3LW, UK
UKHW020342250726
13967UKWH00005B/2082

9 782013 268691